最強の経営
を実現する
「予材管理」のすべて

DOUBLE MATERIAL MANAGEMENT
The Law of "Double Material" to Achieve Any Goal

x2

目標を必ず達成させる
「材料2倍」の法則

横山信弘
Nobuhiro Yokoyama

日本実業出版社

はじめに

「目標達成をめざす」のではなく、「最低でも目標達成」

　当社、株式会社アタックス・セールス・アソシエイツが独自の経営理論として「予材管理」を2005年に提唱して、すでに10年以上が経過します。

　私たちコンサルタントが、13年間で1500件以上におよぶセミナーや講演をコンスタントに続けていること、そして書籍や雑誌、コラムなどで数多く取り上げられたことで、現在、予材管理は日本を代表する企業から、中小企業、個人事業主まで、多くの企業で採用されています。

　予材管理［→239ページ］とは、目標の2倍の「予材（予定材料）」をあらかじめ積み上げ、目標未達成のリスクを回避する（最低でも目標を達成させる）経営マネジメント手法です。
　「予材管理」の「予材」とは、予定している材料のことを指します。

　予材管理は、従来型の経営手法とは根本的に発想が異なります。
　なぜなら、予材管理は、「目標達成をめざす」ものではなく、「最低でも目標達成する」ための方法論だからです。

　たとえば、1年の事業目標が10億円の場合、「20億円分の材料」をあらかじめ積み上げた状態で経営活動を行ないます。
　目標は10億円でも、予材管理を導入すれば、結果的に20億円分の営業・マーケティング活動をすることになるため、「目標未達成」というリスクをヘッジすることができるのです。

　どんな営業・マーケティング活動も100％うまくいくわけではありま

せん。アテにしていたイベントが不発に終わることも、お客様の都合で受注が来期にずれ込むことも、取引先の経営が悪化して注文が激減することも考えられます。

ですが、リスクにさらされても、「予材」を2倍仕込んでおけば「最低でも目標達成する」、ひいては「最強の経営を実現する」というのが、予材管理の大きな特徴です。

「最強の経営」とは？

「強い会社」とは、自ら立てた事業計画を常に達成することができる会社だと私は考えています。

新商品が売れて売上が2倍になった、収益が3倍になった、という一時的なものでもなく、常に安定して計画が達成できる会社です。

企業は大きく分けると次の3種類に分けられます。

1）赤字の企業
2）黒字だが、事業目標を達成していない企業
3）黒字で、かつ事業目標を達成している企業

当社と連携している帝国データバンクの最新の調査（2016～2017年）では、全国147万社の企業の中で、赤字企業が69％なのに対して、黒字企業は31％という結果が出ています。リーマンショック以降、赤字企業の数は7割以上にのぼるとされ、アベノミクス以降で若干改善したものの、依然として高い水準です。

ただ、この黒字企業31％は、「1期」に限ったことです。これが「2期連続」となると「23.1％」に減少し、「3期連続」となると「18％」にまで減ります。4期連続、5期連続となると、さらに減ることでしょう。これは2016～2017年の調査ですが、この黒字企業数の推移は、どの年を

| はじめに | 1 |

- •「目標達成をめざす」のではなく、「最低でも目標達成」
- •「最強の経営」とは?
- • 予材管理が「最強の経営手法」と呼ばれる3つの理由
- • クライアント企業のみなさまによって編み出された実践的ノウハウ

第1章 なぜ「目標未達成」で終わる企業が多いのか?

| 「目標未達成企業」に共通する
3つの課題 | 24 |

- • 約1300社を見てわかった「伸び悩み企業」の共通点

| 予材管理が企業にもたらす
「5つのメリット」 | 26 |

- •「どんなに悪くても事業目標を達成する」秘訣

| 予材管理は
「経営理念を実現させる武器」である | 29 |

- • 崇高な理念があるからといって、会社が強くなるわけではない
- • 経営理念やクレドでは、他社と差別化は図れない

CONTENTS

最強の経営を実現する
「予材管理」のすべて 目次

CONTENTS

な手法であり、再現性が高いことが実証されているのです。

　決して「手っ取り早くうまくいく方法」ではありません。
　ですが、覚悟を持って、目標を持って、信念を持って、本気で取り組めば、業種や規模を問わず、すべての企業で「経営を強くして、圧倒的な成果を上げる」ことができると私は確信しています。

　本書が、「最強の会社経営」をつくるための助力となれば、著者としてこれ以上の喜びはありません。

たとえば、受注すると決め込んでいたものが失注することもあります
し、昨年まで大きかったネット広告の反応が薄れることもあります。予
材が「1倍（100%）」では駄目なのは当たり前なのですが、「1.2倍（120
%）」程度の予材（材料）でも、想定外のリスクが生じたときに、乗り切
ることができません。

　したがって、予測不可能なことに対してリスクヘッジするために、「2
倍くらいは、予材を積み上げておこう」「予材を2倍積んでおけば、環境
や状況が変化しても、さすがに目標には届くだろう」と考えるのが、予
材管理のそもそもの思想です。

　目標の2倍の予材を設定しておけば、外部環境がどのように変化しよ
うとも、動じることがありません。

　たとえるならば、「毎試合10点を取る超攻撃的な野球チーム」をつく
るための手法のようなものです。

クライアント企業のみなさまによって編み出された実践的ノウハウ

　予材管理の発想は、私たちコンサルタントだけでつくり出したノウハ
ウではありません。

「ゼロから組織を立て直し、最低でも目標を達成させたい」

「ストレスをかけずに、目標を達成できる組織に生まれ変わりたい」

　日々このように願う、クライアント企業のみなさまによって編み出さ
れてきたものです。

　これまで数え切れないほどの現場に足を踏み入れ、「目標を絶対に達成
させるコンサルティング」をし続けてきた私たちと、その支援を受けて
日々葛藤し、大きく成長したクライアント企業のみなさまによって体系
化されたノウハウです。

　現場での経験によって常にアップデートされている予材管理は、机上
の空論でも、精神論でもありません。企業の現実、現場に即した具体的

経営者や幹部、マネジャーの悩みの多くは「業績」、もっといえば、コストカットによる収益改善ではなく、「本業での儲け（売上）を増やして利益を出したい」と経営者たちは考えています。

　世の中の移り変わりが激しくなり、多様化してきた今、多くの企業経営者は「働き方」を変え、社員が働きやすい環境をつくりたいと願っています。ですが、経営者や幹部、マネジャーにとって切実なのは、「働き方」以上に「業績」なのです。先述したとおり、事業計画を達成できている企業は非常に少ないからです。

　現場から、「働き方を改善すれば、業績が安定するのか？」という疑問の声が上がってくるのには理由があります。企業が世の中の風潮に沿って働き方を変えようと努力しても、業績が安定してからでないと働き方どころではないということが、誰もがわかっているからです。

　しかし、もし企業が安定した利益を生み出すことができているとしたら、どうでしょうか。安定的な利益が土台にあることで、社員は精神的な余裕を持つことができることは間違いありません。だからこそ、安定した「本業による利益」が必要なのです。

　予材管理は、営業力やマーケティング力を強化し、組織の経営力を格段に飛躍させる手法です。結果として、本業の利益向上に貢献するため、安定的な「営業利益」を確保することができます。

最強の根拠③　シンプルでわかりやすい手法のため

　予材管理の一番の特徴は、「目標の２倍の材料（予材）を仕込んで管理する」というシンプルな方法論にあります。

　予材を「２倍（200％）」積み上げるのは、２倍という数字が「1.2倍（120％）」や「1.7倍（170％）」という数字よりも、「わかりやすい」はずです。

　本業の儲けをつくる営業・マーケティング活動は、予測不可能なことの連続です。

はじめに

「（2）外部環境の風に乗って上昇するパターン」の場合は、外部環境が変化したとたん、窮地に追い込まれることになります。

外部要因に依存した経営では、好調を維持することはできません。

たとえば、A社の車に納品するドアミラーの生産が事業の90％を占めているB社があったとします。もしA社が倒産してまった場合、B社の事業の90％の稼ぎ口がいきなりなくなるということを意味します。

（1）のパターンも、（2）のパターンも、「仕組み」や「方法論」による裏づけが弱いため、経営を安定させることができません。外部環境の変化や、創業オーナーの影響力低下など、さまざまな要因で業績不振に陥ることがあります。

業績不振が一時的なものならともかく、2年も3年も続くとしたら、企業としての体力はやがて衰えていくことは自明です。そのために、「経営の管理手法を変えていく」必要があるのです。

成長がひとたび鈍化してからは、「創業メンバーの力技」や「外部環境の風」とは違う「別のチカラ」を使って新しい成長ステージをめざさなければなりません。

そのチカラとは、「社員個々のチカラ」です。

「予材管理」は、営業をはじめとする多数の社員で考えて事業目標の2倍まで仕込んでいくため、社員個々のチカラやナレッジを共有し、「全社員で考える」という文化を醸成できます。

「予材管理」を続けていると、経営者の力技に頼った「個人経営」から、全社員で事業目標を達成させる「全社経営」へと移行することが可能になっていくのです。

最強の根拠②　本業で利益を上げることができるため

私は企業に入り込んで（実際の現場に入って）コンサルタントを行なっているため、日々多くの経営者から相談を受けます。

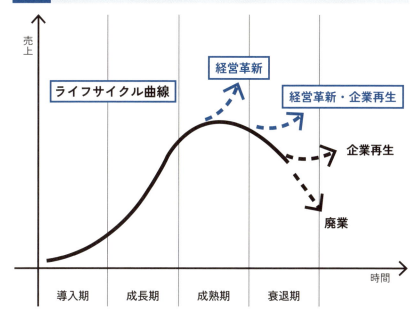

図03　企業のライフサイクル曲線

益、競合企業の数などの観点から見て、「導入期」「成長期」「成熟期」「衰退期」に分類されます。

　企業の「導入期」「成長期」には、勢いがあります。会社が勢いに乗るパターンには、次の「2つ」が考えられます。

（1）経営者や創業メンバーの力技で浮揚していくパターン
（2）外部環境の風に乗って上昇するパターン

「（1）経営者や創業メンバーの力技で浮揚していくパターン」の場合、会社の規模がそれほど大きくなければ、創業者のカリスマ性で統率できます。

　しかし、会社が大きくなり「成熟期」に入ると、経営者の剛腕で組織を動かすことが困難になります。組織が巨大化し、セクションが細分化することで、経営者の目が行き届かなくなるからです。

業は、過剰労働をさせることで社員を「思考停止」の状態に追い込むからで、「全社経営」をしている企業とは真逆の存在だからです。

しかし「予材管理」は、全社員で目標の2倍の予材を仕込むことに注力する経営手法です。コツコツと種をまいて水をやり「予材資産」を増やして、1期や2期のみならず、中長期において事業目標を達成させるノウハウです。

予材管理が「最強の経営手法」と呼ばれる3つの理由

予材管理は、ＮＴＴドコモ様、ソフトバンク様、サントリー様といった大手企業から、社員2〜3名の中小企業、営業が1人もいない個人事業主まで、多くの企業に導入されていて、「安定的な目標達成」という成果を収めています。

予材管理がこれほど普及した理由は、従来型の手法とは一線を画す「最強の経営手法」だからです。

どうして、予材管理が「最強」なのでしょうか。その根拠は、「3つ」あります。

【予材管理が「最強」である3つの根拠】
最強の根拠①　外部環境やライフサイクルに左右されないため
最強の根拠②　本業で利益を上げることができるため
最強の根拠③　シンプルでわかりやすい手法のため

最強の根拠①　外部環境やライフサイクルに左右されないため

順調に企業が成長し、組織が大きくなってくると、ある時点から「踊り場」に差しかかることがあります。

以前と同じようにがんばっても業績が伸びない。それどころか、事業計画を達成できない時期が数年間も続く……そうした時期は必ずやってきます。

企業には、ライフサイクルがあります。ライフサイクルは、売上高、利

「8％」ぐらいが1つの目安ではないかと考えられます。

　ただ、この「黒字かつ目標達成をしている企業」の中には、最も勢いがあり、成長できる創業期にあたる企業も多く含まれます。そして、外部環境の「風」に乗っている企業、強烈なカリスマ経営者によって成長を維持している企業も含まれます。

　これらのような会社ではなく、組織全員が考える習慣を身につけ、「全社経営」をして、安定的に事業目標を達成させている企業はどれほどあるでしょうか？

　それも1期のみならず、2期連続、3期連続、4期連続……と、ほぼ安定して事業計画を達成できる企業はごく一握りです。おそらく100社に5社か6社ぐらいしかないことでしょう

　社員に厳しいノルマを課し、長時間労働をさせ、若い社員を使い潰すような「ブラック企業」は、当然この中には含まれません。ブラック企

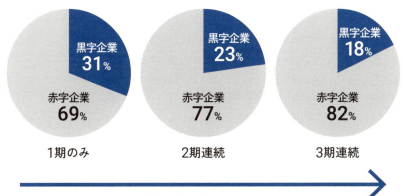

図02　事業目標を達成している企業（黒字企業）数の推移

複数年連続で黒字にするのはとてもむずかしい

調査してもだいたい同じような結果になっていきます。プロ野球の世界でも、1年間は3割を打てるバッターはいますが、それが2年連続となると減少し、さらには3年連続となるとほとんどいなくなっていくことと同じです。

黒字達成だけでこうなのですから、黒字より利益を多く出すことで試算されている事業目標を達成している企業は、どれぐらいの比率なのでしょうか。

当社が過去に2度実施したアンケートでは、2008年に「約23％」、2012年に「約27％」という結果となっています（2008年が約6000名。2012年が約8200名を対象）。

当社のセミナーに参加される方は、業績向上に意欲的である企業経営者、マネジャーが大半です。そのため、先述の「赤字に陥っている企業」に身を置く方は、極めて少ないととらえています。ということは、黒字企業31％のうち、25％程度が事業目標を達成させていると仮定すると、

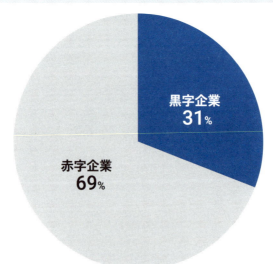

図01 事業目標を達成している企業（黒字企業）数の割合

全国147万社を対象
（2016〜2017年、帝国データバンク調べ）

第2章 「予材管理」という「最強の経営」手法

「最低でも目標達成する」ための手法　　36

- 「予材」は3種類のファクターで構成される

「案件管理」「商談管理」と「予材管理」の違い　　39

- 案件が発生しているか、していないか

「見込み」と「仕掛り」を合わせて100％をはるかに超えておく　　42

- 「見込み」＋「仕掛り」＝「事業目標の100％以上」
- 「白地」が足りないと、目標未達成のリスクが高まる

「見込み＋仕掛り＋白地」で「事業目標の2倍（200％）」を積み上げる　　45

- 最初に「見込み」を確定させる
- 「仕掛り」はすべてオープンにする
- 「白地」は引き算で算出する

どうして事業目標の「2倍」なのか　　48

- いちばんの理由は「わかりやすさ」

予材管理をはじめる前に 「予材資産」を蓄える	53

- •「予材資産」とは、ポテンシャルがある材料のこと
- • 予材管理とパイプライン管理の違い

「セリングプロセス」に沿った 行動計画を立てる	58

- • 営業・マーケティング活動の4つのプロセス
- • 7割、8割を「水まき」と「拡張」に費やす

第3章　「予材の埋蔵場所」を正しく特定する方法

「予材ポテンシャル分析」を行ない 種をまく先を見つける	68

- • 潜在的にポテンシャルのある企業を見つけ出す
- •「全体ポテンシャル」と「予材ポテンシャル」

「アンゾフの成長マトリクス」で 予材の埋蔵場所を判断する	73

- • 商品力にはスランプがあっても、販売力にはスランプがない

「接触すべき先」は 「単価×個数」で決める	78

- • 予材量は「単価×個数」で決まる
- • 適性予材単価は高すぎても低すぎてもマネジメントしにくい
- • その事業目標は本当に適正か？

| 「予材の受注リードタイム」から
適性予材単価と適性予材量を考える | 84 |

- 予材を仕込んでから収穫までに、どれくらいの時間が必要か?

| 事業内容によっては
適正予材規模が「2倍」にならない | 86 |

- 適正予材規模の計算方法
- 適性予材コンバージョン率によって適正予材規模は変わる

| 「予材コンバージョン率」を意識すると
目標未達成リスクを回避できる | 90 |

- 予材コンバージョン率によって問題の所在が明らかにする

| 「予材コンバージョン率」が低い場合は
目標達成に向けた改善に取り組む | 94 |

- 予材コンバージョン率が低い場合の改善策

| 「ラインコントロール」を行ない
決裁権限者とつながる | 96 |

- 予材資産を増やすために、ラインコントロールを意識する
- あるIT企業が行なった「ラインコントロール」の成功例

| 「中期経営計画」に予材管理を役立てる | 101 |

- 中期経営計画を実現するために、「戦略予材」を考える
- 「ヒト」「モノ」「カネ」を予材から逆算して数値化する

CONTENTS

中期経営計画には 現場の意見を反映させる | 107

- 経営理念の3要素
- ビジネスドメインを明確にする

中期経営計画をつくる最大の意義は 「社長の頭」が整理されること | 109

- あるべき姿は、「自ら考える組織」になること

「仕事が増えたら、人を増やす」のではなく 「仕事を増やすために、人を増やしておく」 | 111

- 「最小人数でフル稼働」する会社は、やがて疲弊する
- 余剰人員がいても余剰設備があっても許される
- 余剰人員や余剰設備を拒むのは、「本気ではない」から
- 予材を増やすためのコストは、「自分の手」でつくるしかない

人事評価制度を予材管理と連動させる | 116

- 人事評価の指標に「予材開発力」を加える
- 評価基準に関する2つのポリシー
- 「予材管理コンピテンシー」を評価基準に導入する
- 予材管理コンピテンシーの見方のポイント
- 「将来の予材」のために行動できる人を評価する

第4章	予材管理を成功させる 「マーケティング」の新常識

強い「マーケティングセクション」が
組織全体をマネジメントする

128

- 「マーケティング・リーダーシップ・マネジメント」という考え方
- 営業にすべての責任を負わせない
- 各セクションの一体化を図る

会社組織を「経営」「マーケティング」「営業」
の3つに分ける

132

- 各セクションを連携させ、「塊」のように強い組織をつくる
- 営業が陥りやすい「行動の無駄」を防ぐ
- 「MLM」を採用した場合の改善ステップ
- 営業は、マーケティングセクションのオーダーどおりに動く

口ばかりの「評論家」を生む原因は
組織間の連携がないから

136

- セクション間の連携が弱いと、当事者意識を持てない

プロモーション活動をするうえで重要な
3つの概念「コスト」「アプローチ」「リターン」

138

- プロモーション活動をするうえで、コストゼロはありえない
- コストは「お金」か「ストレス」、どちらかをかけていく

CONTENTS

コスト削減だけでは
根本的解決には至らない

140

- コスト削減は、その場しのぎの対処療法にすぎない

「パーソナルアプローチ」と
「マスアプローチ」の特性を理解する

148

- 予材資産を増やす2種類のアプローチ
- パーソナルアプローチとマスアプローチの違いは、「レスポンス」

アプローチ数が増えるほど
リターンのコンバージョン率が「下がる」

152

- アプローチ数とコンバージョン数は反比例する

7種類のコミュニケーション手段を
駆使する

155

- コミュニケーションは、「合わせ技」が基本

リターンには、
「認知」「関心」「行動」の3種類ある

159

- アプローチ手法によって、得られるリターンは変わる

プロモーションは、「受注」のためではなく
「予材資産を増やす」ために行なう

162

- ポテンシャルのあるお客様をどれだけ「予材」にできるか

予材管理を
マーケティングの「4P理論」から考える

166

- マーケティング活動で最も重要なのは「価格戦略」
- 予材管理は、必ず「事業目標」（プライス）から逆算する
- プライスから逆算していく例

CONTENTS

営業現場では、マーケットインより
プロダクトアウトが正しい | 172

- ニーズを聞けても、そのとおりの商材を用意できるとは限らない

第5章 リスク分散と複利効果を実現する「予材管理5つ道具」

「予材管理5つ道具」を使って
行動実績を見える化する | 182

- 予材管理を実現、定着させるツール
- 「予材管理5つ道具」で視覚化していく

「予材ポテンシャル分析シート」で
「種まき」先を選定していく | 184

- 「予材」を2倍に積み上げていくためのツール

「KPIカウントシート」で、
行動の量と質をチェックする | 188

- 「KPIカウントシート」で、行動計画と行動結果を記録する

「予材管理シート」で
今期の予材を見える化する | 193

- 「見込み」「仕掛り」「白地」を一元管理する

CONTENTS

「予材配線図」で
「つながり」と「量」を明確にする 197

- 登場人物の関係性をA4・1枚に網羅する

「予材管理ダッシュボード」で
現状の行動を確認する 202

- 予材管理の各種「現状」を1枚のシートで確認する

第6章 予材管理で実現する「ターンオーバー戦略」

なぜ、ブルーオーシャン戦略では
強い経営ができないのか 214

- ブルーオーシャン戦略が抱える「3つ」の問題点

「既存商品」と「既存市場」で予材を増やす
「ターンオーバー戦略」 218

- 市場をつくり出すのではなく、競合相手を「ひっくり返す」
- 営業力さえあれば、業界の地図を塗り替えられる
- ターンオーバー戦略で狙える業界

「商品力」がある会社は弱いが
「営業力」がある会社は強い 221

- 商品価値が同じ場合、親密度の高い人から購入する
- これからは「経験マーケティング」の時代
- 感情を持たないAIでは「経験」を与えることはできない
- 営業の仕事は、AIに置き換わることがない

ターンオーバー戦略なら
マーケティングコストがかからない

225

- 新商品を普及させるには、莫大なマーケティングコストが必要
- 日本人は「イノベーティブな発想」が苦手

ターンオーバー戦略に適している事業、
適していない事業

229

- 「パーソナルアプローチ」を基本に戦略を考える
- ターンオーバー戦略のデメリット

予材管理導入事例インタビュー

① アルカスコーポレーション株式会社 …………………… 32
② 森田アルミ工業株式会社　東京オフィス …………………… 63
③ 株式会社ベンカン …………………………………………… 123
④ アライ電機産業株式会社 …………………………………… 174
⑤ 株式会社 sky マネジメントコンサルティング ………… 177
⑥ 株式会社弘益　ホーム事業部 …………………………… 206
⑦ オプテックス・エフェー株式会社　オプテックスグループ株式会社 ………… 209
⑧ 株式会社小谷穀粉 …………………………………………… 233

おわりに

236

- 会社経営にとって合理化、最適化、効率化よりも大切なこと
- 強くなければ、やさしくなれない

「予材管理」用語集

239

- カバーデザイン／井上新八
- 本文デザイン／斎藤　充（クロロス）
- 図版デザイン／浅井寛子
- 制作協力／一企画
- 編集協力／藤吉　豊（クロロス）

CONTENTS

第1章

なぜ「目標未達成」で終わる企業が多いのか？

「目標未達成企業」に共通する3つの課題

約1300社を見てわかった「伸び悩み企業」の共通点

　私たち株式会社アタックス・セールス・アソシエイツは、企業の現場に入って、事業目標を達成させるためのコンサルティング支援をしています。

　10年以上にわたり、約1300社の現場を見てきた結果、業績が伸び悩む企業（＝目標未達成で終わってしまう企業）は、おもに「3つ」の課題を抱えていることがわかりました。

【目標未達成で終わる会社の3つの課題】
①目標に「焦点」を合わせていない

　これまで、1万人のセミナー受講者にアンケート調査を実施したところ、その約8割が「自社の目標に焦点を合わせていない」ことがわかっています。

　目標に焦点を合わせることができないのは、チーム（組織）が「目標を達成する」という明確な意志を持っていないからです。

　いっぽう、目標に焦点を合わせている組織の社員は、ゴール（目標）から逆算をして自ら考え、動いています。

　こうした社員が多くなればなるほど、柔軟な発想とスピードを持って行動できるため、目標未達成という損失を回避することができます。

②行動の「量」が足りない

　企業のライフサイクルで「導入期」「成長期」の真っ只中ならともかく、「成熟期」に差しかかった企業には、特別な風は吹いていません。この段

階では、これまでの勢い、事業の優位性は薄れています。

　風がやんでいるわけですから、自ら考え、手や足を動かして前へ進まなければいけません。それにもかかわらず、業績が伸び悩んでいる企業は、その行動の「量」がとても少ないケースが多いのです。

　その結果、リスクを恐れ、意思決定に時間がかかり、チャレンジする行動の絶対量が足りなくなってしまうという悪循環に陥ります。

③統一された「マネジメントルール」がない

　毎年、5000名以上の営業マネジャーの方々と接してきてわかってきたのは、マネジャーの多くが、営業・マーケティング活動そのものを「個々の判断基準に委ねている」という事実です。

　会議の場で、マネジャーが部下に対して、「どこの会社に営業に行っているの？」「反応はどう？」「今回のチラシは効果があった？」などとヒアリングする会社は、営業・マーケティング活動が属人化していて、「人に仕事がついている」状態です。

「人に仕事がつく」と、「その人でないとわからない」「その人がいないと仕事が滞ってしまう」という状況に陥ってしまいます。仮に当人が辞めてしまうとその仕事は誰にもわからなくなるため、会社から資産が失われるという展開に陥ります。

　事業目標を絶対に達成させるためには、「どのマーケット」の「どのお客様」に「どのようなアプローチ」を「どのようなタイミング」で「どれくらいの回数」実施し、「何」を「いくら」で提案するのか、これらの統一したルール・判断基準を設定することが求められます。個人の主観から離れて、決められたルールを愚直に、忠実に実行する必要があるのです。

予材管理が企業にもたらす「5つのメリット」

「どんなに悪くても事業目標を達成する」秘訣

　予材管理は、「以前の状態よりも会社をよくする」ではなく、「どんなに悪くても事業目標を達成する」ための経営手法です。
　従来型のマネジメントとは違う「5つの特徴（メリット）」があります。

【予材管理5つのメリット】
特徴①「リスク分散」により、経営が安定する
　 予材ポテンシャル [→239ページ] の基準を満たしているお客様に対し、継続的に接点を持ち続けることで、「リスク分散」を図ります。
　また、第3〜第5章で解説するように、明確なマネジメントルールにしたがって全社員が「予材」を管理していくため、個人のスキルに左右されにくく、特定のエリアや人気商品、そして一部のトップセールスに依存することがありません。

特徴②「複利効果」が期待できる
　「複利効果」とは、運用で得た利益を再投資して利益を生み出すことです。時間が経過すればするほど、雪だるま式に利益が増えていきます。
　予材管理は、「今期の結果を出すのに、どのお客様にどれぐらいアプローチするか」といった短期的なリターンを狙うものではありません。
　中長期的な視点でお客様と接触を続け、予材（予材資産）を徐々に積み上げていきます。
　「今期の目標を達成させるためには、どのお客様に何を売ればいいのか」といったように、毎回場当たり的な対応をしていると、いわゆる「自転

車操業」に陥ってしまいます。

　自転車操業の会社は、目先の利益を確保するという収支にのみフォーカスしがちです。そして、利益を還元したり、再投資したりする余裕も余力もないため、「会社の存続」と「現状維持」で精一杯になってしまうのです。現状維持ができているならまだしも、自分では一所懸命に自転車を漕いでいながら、実際は減速しているといったこともあります。

　いっぽう、「予材」は貯まれば貯まるほど、社員の心の余裕・自信を喚起するので、さらに意欲的に行動するという複利的な結果が出るようになります。

　予材を蓄えて、余裕や余力を持っていれば、仮に短期的な収益悪化や不測の事態にさらされたとしても、それに抵抗力を発揮できるため、会社を存続させることが可能になってくるのです。

特徴③「本業」の利益に特化している

　企業の利益には、**営業利益**［→**239**ページ］、**経常利益**［→**239**ページ］、**当期純利益**［→**239**ページ］など複数の指標がありますが、企業活動の基本は、「営業・マーケティング力を強化し、本業の儲けを伸ばすこと」にほかなりません。

　予材管理は、会社の「本業（会社の中心となる事業）」の利益に特化してマネジメントするため、安定的な「営業利益」を確保することができます。

特徴④「行動」の質と量が変わる

　2倍の予材を仕込もうとすると、自ずと行動を変える必要が生まれます。「最低でも目標を達成する」には、それだけの材料を積み上げておかなければならないため、マーケットに向ける視点を広く持つことが前提となってくるのです。したがって、大量かつ連続的な行動を取っていくことになります。

　また、予材管理が定着すると、事業目標の達成に直結する行動を最優先に行なうようになるので、それ以外の「いらないもの」はどんどん削

っていくことになります。その結果、組織内のムダな仕事がなくなり、結果として時間外労働も削減されていきます。

　残業をせず、決まった労働時間の中で実績を上げるには、無用な情報共有や組織内コミュニケーションを減らしたり、「アプローチすべきではないお客様（＝予材ポテンシャルのないお客様）」への接点を見直したりする必要があります。予材管理によって、目標に向けて最短ルートの行動が示されるため、行動の質とスピードが変わります。

特徴⑤ 「場の設計」が図れる

　私たちコンサルタントが企業の現場に入って支援するとき、最も大切にしているのが「場の設計」です。私たちの支援は、まず「場の空気」をよくすることからスタートします。

「場の空気」とは、集団の価値観・判断基準のことです。組織の空気やチームの雰囲気が悪ければ、人の意識や行動を変えることはむずかしいでしょう。

「予材管理」を導入すると、メンバー全員が「目標を達成するのは、当たり前だ」という価値観を持ち、定められた目標に意識が向かいはじめます。そのため、能動的でチャレンジャブルな「場の空気」を醸成することができます。

　予材管理の考え方は、「経営を変えるちょっとしたアイデア」ではなく、営業・マーケティング活動、そして経営を根本的に見つめ直す手法です。１日や２日の研修を受けただけで簡単に身につくものではないので、「本気」で取り組む必要があります。

　予材管理を取り入れると、社長も社員も、「絶対にやり切る」「最低でも目標を達成する」という強い覚悟を問われ、結果的に社内の空気が引き締まります。そして、「事業目標を達成するのが当たり前」という空気をつくることが可能になっていくのです。

予材管理は
「経営理念を実現させる武器」である

崇高な理念があるからといって、会社が強くなるわけではない

　私たちアタックスグループは、「企業視察ツアー」を毎月定期的に行なっており、日本唯一の会員制クラブ「アタックス視察クラブ」として運営しています。

　アタックスが視察する企業は、単に売上や利益が伸びているだけではありません。大ベストセラー『日本でいちばん大切にしたい会社』（あさ出版）シリーズの著者であり、アタックスの顧問でもある坂本光司教授が監修する超優良企業が対象です。

　これらの企業では社員のみならず、社員の家族を大切にし、地域社会にも貢献し、社会的弱者に手を差し伸べています。1つ1つの仕事に対して妥協することなく、感謝の気持ちを持ってお客様に対応しているのです。

　これらの企業に共通しているのは、「経営理念」という共通の目的や価値観を掲げていることです。そして、その「経営理念」が組織にしっかり浸透していることです。

「経営理念」という軸がブレずに経営に注力する企業を、私たちは、「理念経営企業」と名づけています。

　私たちが視察する「理念経営企業」には、明確な経営理念やクレド（信条）があり、社長が率先してリーダーシップを発揮しています。

　そして、社員がプロ意識を持って、自発的、自律的に仕事に取り組んでいるのです。

この視察ツアーに参加する経営者の多くが、視察先の臨場感に感化され、「業績の安定化には、素晴らしい経営理念が必要である」という認識を抱きます。

　しかし、「素晴らしい経営理念があるから、あの会社は業績が安定しているんだ」「素敵なクレドがあるから、あの企業の社員はモチベーションを高く持って働いているんだ」と思い込むのは早計です。経営理念もクレドも大切ですが、それだけで会社が強くなるわけではないからです。

経営理念やクレドでは、他社と差別化は図れない

　経営理念の内容は、一般的に、組織がはたすべき使命（ミッション）、組織がめざすあるべき姿（ビジョン）、組織が共有する価値観（バリュー）などで構成されています（107ﾟで詳述します）。

　一般的には、次のようなことを明文化しています。

- **会社や組織は何のために存在するのか**
- **経営をどういう目的で、どのような形で行なうのか**

　私はこれまでに数百社の経営理念を見てきましたが、業績が安定している企業（理念経営企業）の経営理念と、業績が安定していない企業の経営理念に「大きな差」を見出すことはできません。経営理念は、「社会に貢献する」「豊かな生活を実現する」「未来を創造する」といった、一般的な表現にまとめられることが多いからです。

「どの企業もよく似た表現が使われている」ということは、必ずしも経営理念が会社を強くするわけではない、ともいえます。

　経営理念は、いわば会社の「あり方」です。「理念経営企業」の業績が安定化しているのは、「あり方」を実現するための行動、つまり「やり方」を明確にしているからです。

　仮に、会社を経営する目的（経営理念）が、「日本を元気にする会社を

つくる」だとしたら、では、「日本を元気にするために、何をするのか？」
というアクションプランを具体的にしなければ、目的に近づくことはで
きません。

　経営理念やクレドで他社と差別化することに、それほど意味はありま
せん。差別化すべきは、「あり方」ではなく、「やり方」だからです。

　強い会社は、「経営戦略」「経営計画」「行動計画」の内容で差別化を図
っています。

　経営理念は抽象的でもいいのです。しかしながら、戦略や計画の抽象
度が高い会社は、経営を安定化させることができません。

「経営戦略」や「経営計画」は、数字や固有名詞が入った具体的なもの
です。だからこそ「予材管理」が役立つのです。

　予材管理は、経営理念やクレドに書かれた「あり方」を実現させる武
器となるのです。

予材管理導入事例インタビュー ①

アルカスコーポレーション株式会社

- 事業内容：総合建設業／不動産業／建設資材
- 組織規模：30〜100人
- 対象：マネジャー
- 起こっていた問題点：①入社してもすぐ辞める
  - ②目標が達成しない
  - ③自社の営業スタイルがブレている

……これまではどのような問題が起こっていましたか？

「これまではほぼ外部環境任せの経営をしていました。景気がよければ目標を達成するし、悪ければ達成しない。その繰り返しでした。

　また、新入社員が入社しても『きちんと育てられる』とは思えず、新卒を採用することに躊躇していました。なぜなら、組織にコアとなるような考え方がなく、属人的な教育しかしてこなかったからです」

……予材管理の導入に至った経緯は？

「これまでにも業界特化型のコンサルタントや、ＦＣ本部からの教育、営業管理ツールの導入など、さまざまな施策を試してきましたが、組織に浸透するには至らず、成果にも結びつきませんでした。しかし予材管理には『一本筋が通ったカタチ』があったので、『この手法が一番私たちに合っているだろう』という感覚を抱きました」

……予材管理を導入していかがでしたか？

「外部のコンサルタントや講師を招いて教育を受けた経験があるので、それほど表立って反対した社員はいませんでした。ですが、実践するのは簡単ではありません。予材を目標の２倍にまで仕込まなければなりませんから、行動を変えるのに難色を示す営業はいましたね」

予材管理導入事例インタビュー

……予材管理を活用し、どのような成果が生まれたのですか?

「ゴールが明確になった、見やすくなった、という点です。過去の実績を『見える化』してもあまり意味がありません。今後どのようなお客様からどれぐらいの金額の注文を、いつまでにいただくのか。仮説である『予材』を見えるようにすることで、金額と時期の意識が明確になりました。

また、『目標設定のしかた』も学びました。これまでは目標を高くするとマネジャーたちに『無理だ』といわれ、マネジャーたちに任せると、目標を『低く』設定されてしまったのです。

ですが、予材管理の考えが組織に浸透した今、そのようなことはなくなりました。個人目標だけでなく、部の目標に対する意識も強くなった気がします。他の営業や部署がどれぐらいの予材を仕込んでいるのかも見えるようになったため、組織内にいい緊張感があります。実績が足りないのはともかく、『予材が足りない』のは言い訳できないですから」

……実際に数字は上がっていますか?

「予材管理を導入して、間違いなく数字は上がっています。『上がっている』というより、『上げている』という感覚ですね。数字の上げ方がすごく変わってきたと思います。『今これだけの予材があるのだから、これくらいの数字になるだろう』という予測が簡単にできるようになりました」

……躊躇されていた新卒採用についてはいかがですか?

「新卒の営業を採用しても、これからは自信を持って育てられると思います。揺るぎない『型』があることで、経験のない部下を育てる自信が芽生えてきました」

Point

- 仮説である「予材」を見える化することで、金額と時期の意識が明確になった。
- 揺るぎない「型」ができ、経験のない部下を育てる自信が芽生えた。

第2章

「予材管理」という
「最強の経営」手法

「最低でも目標達成する」ための手法

「予材」は3種類のファクターで構成される

　本章から、予材管理の具体的な考え方、取り組み方について詳しく解説していきます。

　予材管理では、目標未達成のリスクを回避するために、事業目標の2倍の「予材」を積み上げておき、予材の内容や新陳代謝を継続的にマネジメントしていきます。そして、「目標達成をめざす」ものではなく、「最低でも目標達成する」ための方法論です。

　「予材」とは、次のことをいいます。

- あらかじめ用意しておく営業・マーケティングの材料
- 予定している材料

　予材は、「①見込み」「②仕掛り」「③白地」の3種類のファクターで構成されています。

① 見込み [→239ページ]

　具体的なお客様・マーケットから確実に数字を見込める材料。「前期に口頭で内示をもらっている」「毎年決まった時期に追加発注がある」など、確実に計算できる予材です。

　「見込み」に設定された予材は、原則的に「100％実績につながること」が前提条件となってきます。

第2章 「予材管理」という「最強の経営」手法

- ② **仕掛り** [→240ページ]

具体的なお客様に対し、実際に見積もりや提案書を出し、受注へ向けて仕掛けている材料（一般的な案件、商談に当たる予材）。

お客様の顕在的なニーズが発生しており、提案する商品が決まっている、もしくはお客様が興味・関心を抱いてくれている状態をいいます。

- ③ **白地** [→240ページ]

「予材ポテンシャル」があり、今期チャレンジしたい材料。

その名のとおり、「真っ白」な状態の予材です。新規顧客の材料もあれば既存顧客における新規材料もありますが、いずれもまだ仕掛かっていない状態です。「仕掛り」と違い、「白地」は、お客様もまだ認識していない「仮説」の状態です。

37

図04 予材管理の概念「3つの予材を積み上げる」

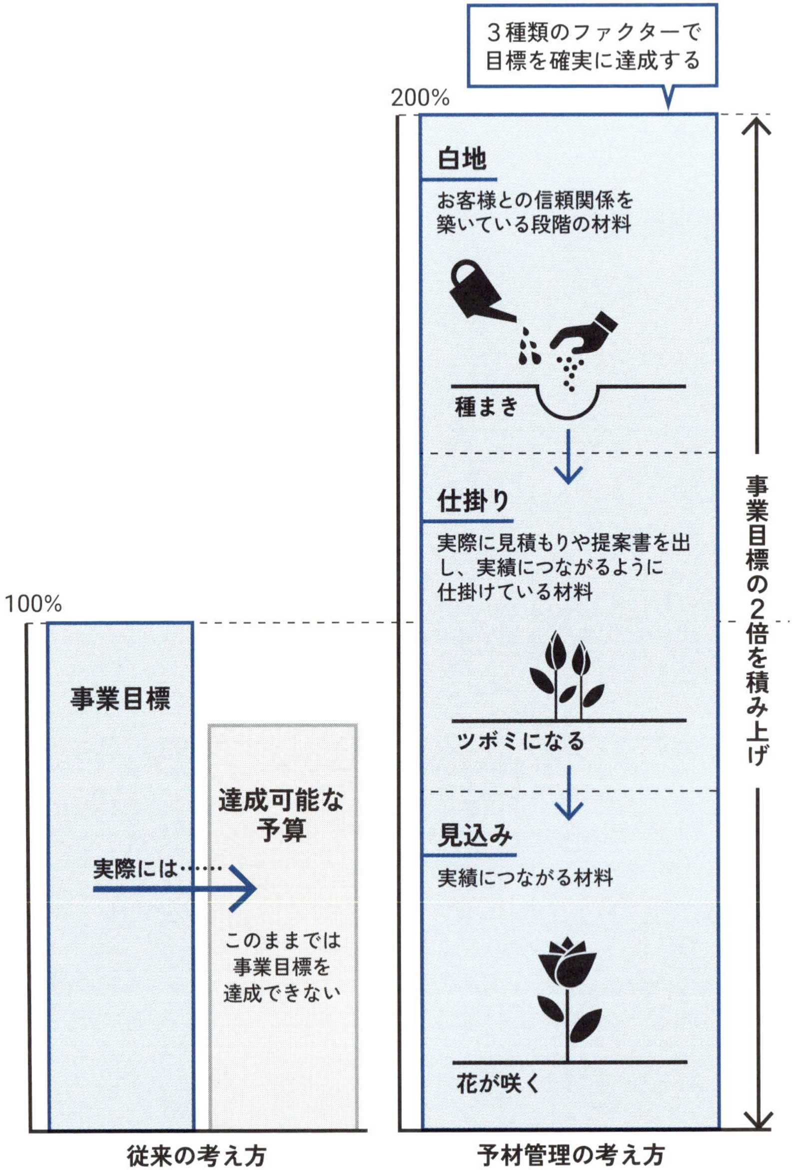

3種類のファクターで
目標を確実に達成する

200%

白地
お客様との信頼関係を
築いている段階の材料

種まき

仕掛り
実際に見積もりや提案書を出
し、実績につながるように
仕掛けている材料

ツボミになる

見込み
実績につながる材料

花が咲く

事業目標の2倍を積み上げ

100%

事業目標

**達成可能な
予算**

実際には……

このままでは
事業目標を
達成できない

従来の考え方

予材管理の考え方

事業目標×2＝予材（見込み＋仕掛り＋白地）

「案件管理」「商談管理」と「予材管理」の違い

案件が発生しているか、していないか

　予材管理は一般的な企業で使われる「案件管理」「商談管理」とは、発想が異なります。商談化、案件化していない「潜在的な材料」まで含めて管理するのが予材管理です。そのためマーケットを分析したうえで仮説を立てる作業が求められます。

　営業・マーケティング活動における 案件（商談）管理［→240ページ］は、具体的に発生している商談（予材管理における仕掛り）の管理であり、お客様の明確な意思表示をともなっています。
　いっぽう、予材管理は、まだお客様から明確な意思表示がない状態です。お客様のポテンシャルを推測して立てた「仮説」を含んでおり、そこが最も大きく異なる点です。
　商談や案件が実際には発生していなくても、営業パーソンの頭の中に「あの会社には、将来的に商談につながるポテンシャルがあるかもしれない」という仮説が立つのであれば、その仮説も「予材（白地）」として積み上げます。

　予材管理が、「案件管理」「商談管理」と違うのは、次の「3つのポテンシャル」が見える化できることです。

【案件（商談）管理にはない予材管理3つのポテンシャル】
①市場（お客様）のポテンシャル
　具体的な案件が発生していなくても、「このお客様には、どれくらいの

予材が埋蔵されているか」を推し量ることができます。

②営業・マーケティングのポテンシャル

予材管理を導入することで、営業部やマーケティング部が「目標に焦点を合わせているか」「日ごろからしっかり考えて行動しているか」が見える化されます。

日ごろから目標に焦点を合わせ、しっかり考え、お客様へ接触を繰り返している営業であれば、「Ａ社には200万円、Ｂ社には300万円、Ｃ社には400万円の白地がある」といった仮説を立てることができるでしょう。

しかし、「『毎年やっているから』といった判断で広告を出すマーケティング部」「何も考えずに受け身で仕事をしている営業部」には、仮説を立てることができません。

したがって、「数字を意識しているか、していないか」「能動的に活動

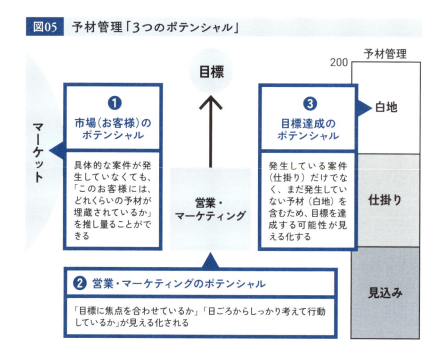

図05　予材管理「3つのポテンシャル」

第2章　「予材管理」という「最強の経営」手法

をしているか、受け身の仕事をしているか」といった、営業部やマーケティング部のポテンシャルを測る指標となります。

③目標達成のポテンシャル

　予材管理は、発生している案件（仕掛り）だけでなく、まだ発生していない予材（白地）を含むため、目標を達成する可能性が「見える化」されます。

　実際に「予材管理シート」（詳しい使用方法は193ダ参照）を銀行などに持っていくと、これまではおりなかった融資がおりるようになった、という事例はたくさんあります。予材管理の発想でつくられた事業計画は、説得性があり「絵に描いた餅」には見えないからです。

「見込み」と「仕掛り」を合わせて100%をはるかに超えておく

「見込み」＋「仕掛り」＝「事業目標の100％以上」

「見込み」の予材は、現時点での「実績」ではありません。次の２点をあらわす予材です。

- 今期、実績の着地ラインをどれくらい見込んでいるのか？
- 年間でどれくらいの数字が見込めるか

　A社の事業目標が「１億円」で、決算は「３月」だとします。
　A社は「12月」の時点で、7000万円の実績がありました。この7000万円は、「12月時点での実績」であって、予材管理の「見込み」とは違います。
　予材管理における「見込み」とは、「期末（３月末）までに受注が確実視されている予材」のことです。
　現時点（12月時点）で7000万円の実績があり、１月、２月、３月の３か月間に、「確約をいただいている仕事」や「契約を交わした仕事」が2000万円あるとしたら、「今期の見込みは9000万円」という表現になります。

　「仕掛り」は先述したとおり、具体的に商談化した予材、確度はどうあれ、お客様が金額をも認識している予材です。
　予材管理では、「見込み」と「仕掛り」を合わせて、事業目標の100％をはるかに超えるように設計します。

第2章 「予材管理」という「最強の経営」手法

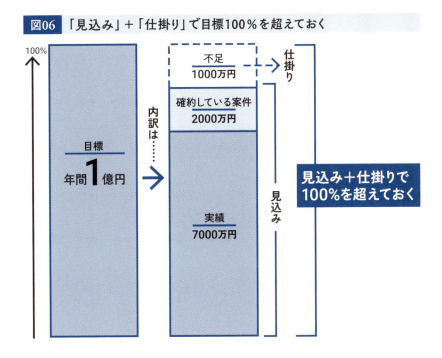

図06 「見込み」＋「仕掛り」で目標100％を超えておく

見込み＋仕掛り＝事業目標の100％以上

　仕事の成約率は、100％ではありませんから、リスクに備えて、「見込み」と「仕掛り」の合計は、100％をはるかに超えておく必要があるのです。

「白地」が足りないと、目標未達成のリスクが高まる

「白地」は、今期チャレンジする材料のことです。
「白地」が足りないと、目標未達成のリスクが高まります。何らかの事情で見込みや仕掛りが急減した場合、「白地」がなければ、立て直すことができません。
「仕掛り」がお客様に何かを提案している、あるいは具体的な案件が進んでいる予材だとすれば、「白地」は「仮説」です。

43

たとえば、ホームページをリニューアルし、半年間で30件の問合せを受け、そのうち5件を受注し、2000万円の数字をつくりたいと仮説を立てたら、これが「白地」になります。

　実際に27件の問合せがあり、そのうち10件が商談になったら、それぞれが個別の「仕掛り」の予材になるということです。

　個別のお客様に対しても仮説を立てていきます。

「9月末に100万円程度の売上になる仕事がA社にありそう（A社に100万円のポテンシャルがありそう）」と仮説を立てたとき、A社にまだ接触したことがなかったり、挨拶をしたりする程度であれば、「白地」です。

　その後、A社との **ラポール（信頼関係）[→240ジー]** が構築され、提案や見積もりを出す段階になったら「白地が仕掛りに変わった」ことになるのです。

「見込み＋仕掛り＋白地」で「事業目標の2倍（200％）」を積み上げる

最初に「見込み」を確定させる

　予材管理では、「見込み」「仕掛り」「白地」を合わせて、事業目標の2倍（200％）の材料を積み上げるのが基本です（2倍である理由は48ページで詳述します）。

　目標が毎月1000万円だとすると、毎月2000万円の「予材」を積んでいきます（正確には、「見込み」と「仕掛り」は積み上げ、「白地」は引き算で算出します）。

　2倍以上の予材があり、常に予材の新陳代謝を繰り返していけば、いくつかの仕掛りが見込みにならなかった、あるいは、見込みが受注に至らなかった場合でも、目標は達成できるはずだと考えることができます。
　案件がライバルに奪われる、お客様の都合で契約が来期にずれ込む、取引先の経営悪化の影響で注文が減る……といったリスクにさらされても、予材が年間を通じて事業目標の2倍あり、「白地」や「仕掛り」を「見込み」に変える努力を怠らなければ、「最低でも目標達成」の道筋が見えてくるのです。

　予材の合計を、事業目標の2倍に設定するために、最初に「見込み」を確定させます。
　「見込み」は、「このままいくと、年間でどれくらいの数字が見込めるか」を数値であらわしたものです。
　まだ受注していない案件があれば、「見込み」に含めることはできません。話が進んでいても、正式な受注を受けていなければ、「仕掛り」です

（ただし、毎年、特定の得意先から一定額の受注がある場合は、「見込み」の数字に入れます）。

「見込み」を確定させるには、現時点までの実績は当然のこと、期末までの流れやトレンドを読む力が求められます。

「今期末にどれくらいの数字になるか、予想がつかない」としたら、受け身で仕事をしてきた証拠です。数字の感覚を持たない営業部、マーケティング部に、トレンドを読むことはできません。

日ごろから目標に焦点を合わせて、能動的に数字を意識していれば、「見込み」を明らかにするのはむずかしくないはずです。

「仕掛り」はすべてオープンにする

「見込み」を確定させてから「仕掛り」をすべて「オープン」にして、積み上げます。

予材管理は、「開かれた営業・マーケティング」をめざしているので、自分が見せたいものだけを見える化するのではなく、「予材はすべてオープンにする」のが原則です。

「まだお見せできる状態ではありません」「もう少し確度が高まったら報告します」と部下がいってきても、すべて見える化させるのです。「仕掛り」をあいまいにしてはいけません。

「見込み」と「仕掛り」の区別がつかないときは、最初は「主観」でもかまわないので、「現時点での実績」「期末までの見込める数字」「商談中の案件」を積み上げていきましょう。

「白地」は引き算で算出する

「見込み」と「仕掛り」を積み上げたら、次は「白地」です。

第2章 「予材管理」という「最強の経営」手法

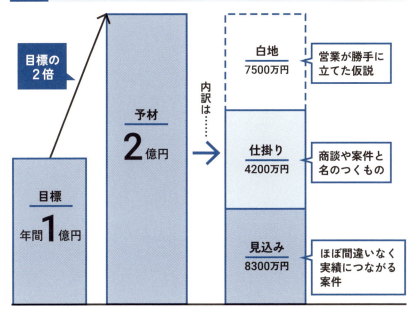

図07 「見込み」と「仕掛り」は足し算、「白地」は引き算で算出する

　白地は、積み上げる（足し算する）ものではなく、「引き算」で算出します。
　仮に、1億円の目標に対して、次のような数値があるとします。

「見込み」……8300万円
「仕掛り」……4200万円

　予材は1億円の2倍の「2億円」ですから、次のような計算式が成り立ちます。

2億円（予材）－8300万円（見込み）－4200万円（仕掛り）＝7500万円（白地）

　この7500万円を「白地」として設定します。

47

どうして事業目標の「2倍」なのか

いちばんの理由は「わかりやすさ」

　予材管理についての質問で最も多いのが、「2倍」の根拠です。
　目標を達成するために、目標を大きく上まわる「予材」を仕込んでおく必要は理解できても、「なぜ『2倍』なのかがわからない」というものです。
「2倍」は、事業目標との差分（ギャップ）の2倍ではなく、目標そのものの2倍です。予材管理の倍率を「2倍」に設定する根拠は、次の4つです。

【目標を「2倍」にする根拠】
根拠①　シンプルでわかりやすいから
　ひと言でいうと、「2倍という数はわかりやすい」からです。
　最低でも目標を達成すればいいのですから、未達成リスクを回避するために、「2倍くらいあれば、目標は達成するだろう」とざっくりと考えておくのが予材管理の発想です。

　業種業態によっては、2倍以上積み上げなければリスクヘッジにならないこともあります。保険や自動車、住宅など、企業ではなく個人消費者を対象としたケースです。
　たとえば住宅の販売会社で「年間20棟」を目標にした場合、「40棟」の予材を積み上げるだけで、目標達成できるとは思えません。「成約率50%」は高すぎる数字で、多くの営業パーソンには現実的ではありません。

住宅販売であれば、予材の量は目標に対して「10倍」「20倍」が目安になると思います。個人向けビジネスの適正な予材規模は、**予材コンバージョン率**[→240ジ]から逆算すべきで、その会社の事業スタイルによって変わりますが（86ジで詳述します）、覚えておいてほしいのは、「最低でも事業目標を達成する」という考え方のもとで、予材を目標よりもかなり「多めに」設定するということです。

根拠② 「組織全体」で目標を達成できるから

予材管理は、「組織全体」で100％以上の目標を達成させる手法です。

組織全体ということは、実績が目標を超えているトップセールスでも、実績が乏しい新人社員でも、分け隔てなく「2倍の予材」を仕込むのがルールです。全員が100％以上達成できるのが理想ですが、現実的には、目標を達成できる営業もいれば、できない営業もいます。

新入社員が100％を割り込んでも、トップセールスが「100％以上」の結果を出すことができれば、組織全体としての目標を達成することができます。

組織で目標を達成するために、「全員が2倍の予材を積む」というシンプルさが予材管理の特徴です。

根拠③ 「完璧主義」ではなく「達成主義」の発想で営業・マーケティング活動ができるから

目標ラインに対する受け止め方には、2つの考え方があります。**完璧主義と達成主義**[→241ジ]です。

「完璧主義」は、文字どおり、「完璧をめざす」考え方です。目標を天井だと考え、その目標をめざす発想をします。70点で合格する資格試験では、70点ちょうどをめざすのが「完璧主義」です。

「完璧主義者」の中には、目標を大幅に超えることに違和感を抱く人もいます。

完璧主義者は、ちょうど目標に達するように逆算し、綿密な計画を立てようとします。最短距離で実現したいからです。

「1回の成功のために、2回も3回もトライをするのは損なので、完璧な戦略や計画を立てて実行し、1回で成功させたい」と考えがちです。

　完璧主義者が「予材管理」に後ろ向きにとらえやすいのは、「目標の2倍の予材を仕込み、もしも目標を大幅に超え、110％も130％も達成すると、超えた分だけ損だ」と受け止めるからです。「目標を超えた分だけインセンティブが入るならともかく、そうでないなら、ちょうど100％の達成をめざせばいい」という発想をします。

　いっぽう、「達成主義」は、「目標は最低でも超えればいい」という発想です。「材料を2倍積んで、結果的に1.2倍や1.3倍になっても達成したのならいい」と大らかに考えます。

　「達成主義者」にとっての目標は、単なる「合格点」「通過点」にすぎません。「めざす」ものではなく、「通過する」ものだからです。

　100点満点のテストでも合格ラインが「80点」なら、「80点は最低でも

図08　「達成主義」と「完璧主義」の認識の違い

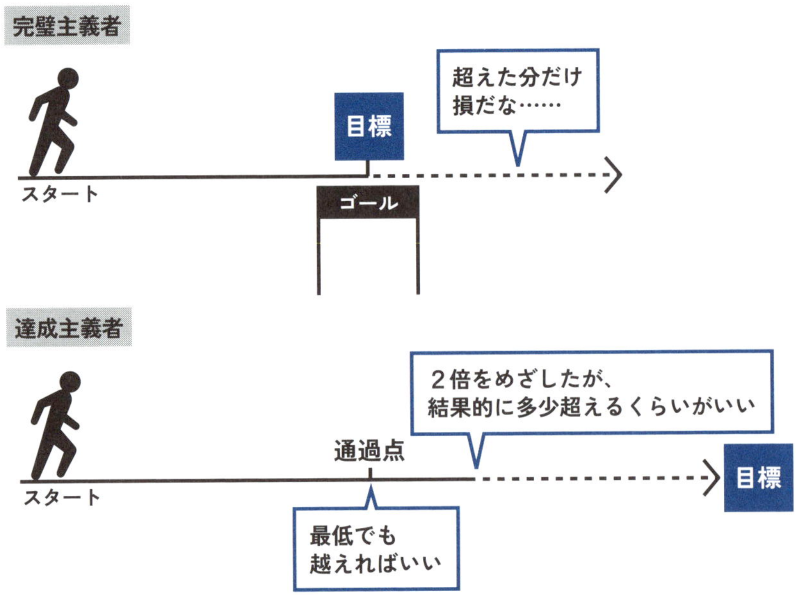

完璧主義者

スタート　目標　ゴール　超えた分だけ損だな……

達成主義者

スタート　通過点　目標　2倍をめざしたが、結果的に多少超えるくらいがいい　最低でも越えればいい

超えよう」という発想です。

　達成主義者は、朝10時の約束の「30分前」に現地に到着したとしても、「損をした」とは思いません。「時間ピッタリに到着すること」よりも、「絶対に遅刻しないこと」に目を向けているからです。

　達成主義者は「目標」から逆算するのではなく、「目標を超えるその先」から逆算して動きます。

「この時期から、これくらいの行動をすれば、少なくとも目標未達成にはならないだろう」

「10回やって、 1 回でも 2 回でもうまくいけば儲けものだ」

「200回行動をすれば、いくらなんでも達成するはず」

　このように大雑把に、そして大胆に考えることができるので、初動スピードも、初動エネルギーも、完璧主義者よりも速く、大きくなります。

　予材管理を導入すると、目標ピッタリに達成したがる人を「最低でも

図09　「達成主義経営」と「完璧主義経営」の認識の違い

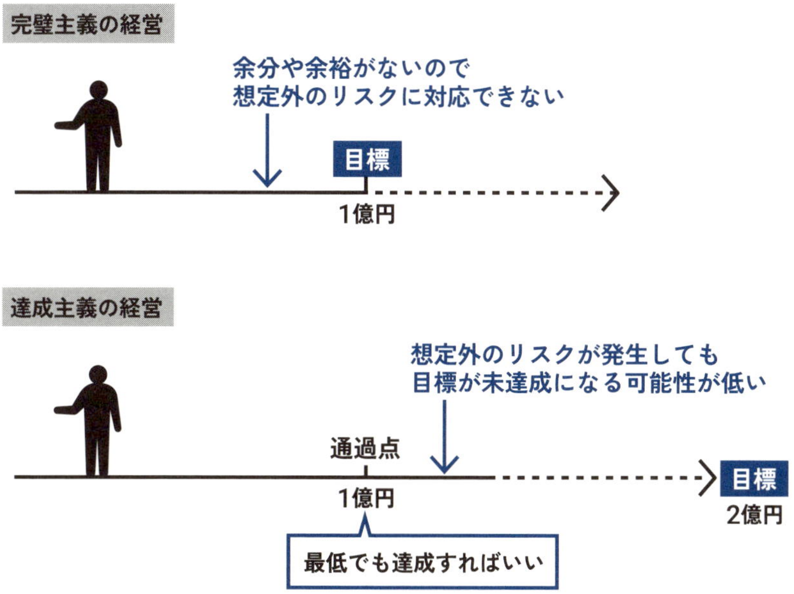

完璧主義の経営

余分や余裕がないので
想定外のリスクに対応できない

目標
1億円

達成主義の経営

想定外のリスクが発生しても
目標が未達成になる可能性が低い

通過点
1億円

目標
2億円

最低でも達成すればいい

51

目標を達成すればいい」という発想に変えることができるのです。

根拠④　創意工夫、チャレンジする習慣が身につくから

「未知なもの、未体験のものを受け入れず、現状を現状のままにしておきたい」という心理欲求のことを、**現状維持バイアス**［→241ページ］と呼びます。「目標が達成しなくてもあたり前」の人は、現状維持バイアスがかかっていて、新たなチャレンジをしようとしません。チャレンジしないから「白地」を創出できないのです。

　現状維持バイアスを外すためには、営業部やマーケティング部が「到底、仕込むことはできない」「ムリだ、無茶だ」と思えるほどの予材規模を設定するしかありません。だから、「２倍」なのです。

　２倍の予材を積み上げようとすると、今までと同じやり方や、同じ考え方では積み上がらないことがわかります。

　新しい販促方法を考えたり、新市場や新商品の開発に目を向けたりする必要も出てくるでしょう。その結果として、「創意工夫する習慣」「新しいことにチャレンジする習慣」が身につくようになります。

予材管理をはじめる前に「予材資産」を蓄える

「予材資産」とは、ポテンシャルがある材料のこと

　今期に入ってから、「今期の目標を達成させるための予材」を確保しようとしても、簡単には見つかりません。
　予材管理を確実に実行するためには、はじめに「潤沢な予材資産を蓄えておく」のが最初のプロセスです。
　そこで、まずは、**予材資産[→241ページ]**を膨大に形成し、そこから発生した「白地」「仕掛り」「見込み」の３つのファクターを「事業目標の２倍以上」になるように仕込むのが、予材管理の基本的な考え方です。

「予材資産」と「今期の予材」の関係は、「家計」にたとえて考えるとわかりやすく理解できます。
　勤務先から給与が支払われると、いったん、銀行口座に振り込まれます。そして、銀行口座から、今月の生活費や必要なお金を引き出し、財布の中に移します。銀行口座が「予材資産」で、「財布」が「今期の予材」です。
　たくさん成果を出して、たくさん給与が振り込まれると、それだけ貯金が増えます。貯金が潤沢にあれば、想定外の支出があっても対応できるでしょう。
　しかし、貯金がまったくなかったり、収入に対して支出が多かったりすると、生活の余力を失ってしまいます。

　仮に「不動産投資をしよう」と思うのであれば、まず、投資に必要な資金を準備することが先決です。

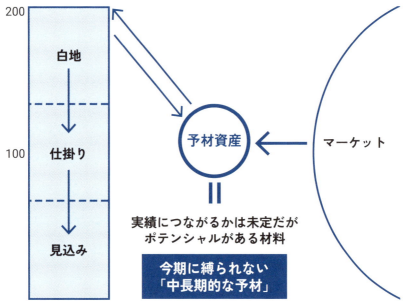

figure10 「予材資産」と「白地」「仕掛り」「見込み」

　手元に3000万円しかないのに、5000万円の不動産投資をすることはできません。資産（貯金）がないからといって、借金をするのはリスクが高まるだけです。2億円、3億円の資産があるからこそ、安心して5000万円の投資をすることができます。

　予材管理も、考え方は投資と同じです。予材の管理をはじめる前に、「予材資産」を蓄積する必要があります。

　そのためには、58ページで紹介する「種まき」「水まき」を繰り返し、マーケットにおけるブランド価値、認知度を上げること、特定のお客様とラポール（信頼関係）を構築することが必要です。

　保有しておく予材資産の目安は、「1年間に必要な予材の5〜10倍」です。そうすれば、新たな期がスタートし、「今期の目標の2倍の予材を仕込む」ことになっても、慌てる必要はありません。潤沢な予材資産の中から、今期の予材をピックアップするだけでいいからです。

図11 「予材資産」を収支（銀行口座）と支出（財布）で考える

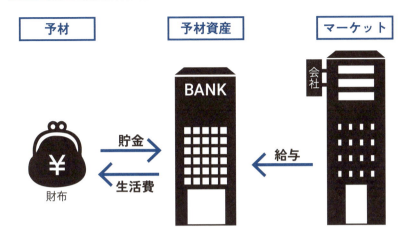

銀行口座に資金があれば
想定外の支出にも対応できる！

予材管理とパイプライン管理の違い

　予材管理のセミナーをしていると、「予材管理は、『パイプライン管理』と同じなのですか？」と質問されることがあります。
　パイプライン管理（パイプライン分析）とは、そのプロセスをパイプライン（管路）にたとえ、入口から出口までを見える化し、分析する管理手法です。営業・マーケティング活動であれば、「初回接触」から「受注」までの流れをいくつかのフェーズに区切って管理します。
　予材管理の考え方は、パイプライン管理とは異なります。

　パイプライン管理では、初回接触から受注までの流れを「連続的」にとらえて、管路のどこが（どのプロセスで）細くなっており、どこが詰まっているのかを分析します。

いっぽう、予材管理では、「予材資産の形成」と「今期の営業・マーケティング活動」は「非連続」として位置づけ、次の「２つの運用プロセス」に分けて考えます。

【予材管理２つの運用プロセス】
プロセス①　予材資産をする形成する
「種まき」「水まき」を繰り返し、マーケットにおける認知度や、特定のお客様との信頼関係を構築するプロセスです。取引はないものの、当社の商品の強みや魅力は認知した先を潤沢に蓄えていきます。

プロセス②　予材を新陳代謝させながら受注へ移行させていく
蓄えた予材資産の中から、「今期」の売上目標に貢献しそうな予材を積み上げ、「白地」から「仕掛り」へ、「仕掛り」から「見込み」へ移行させます。

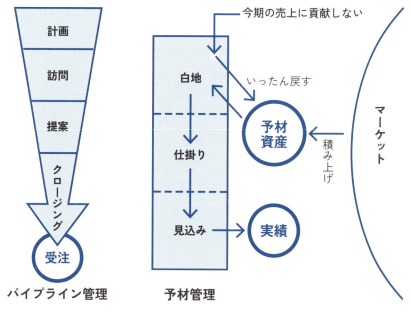

図12　「パイプライン管理」と「予材管理」の違い（予材の新陳代謝）

継続的に営業活動をしても、「今期の売上に貢献しない」ことが明らかになった予材は、一度「予材資産」に戻します。そして、予材資産の中から、替わりの予材を「今期分」として入れ替えます。

「予材資産」と「今期の予材」を2つのプロセスに分けて、予材を入れ替えながら受注に移行させていくのが、予材管理の特徴です。

「セリングプロセス」に沿った行動計画を立てる

営業・マーケティング活動の4つのプロセス

　潤沢な予材資産を蓄えておくには、「セリングプロセス」の見直しと再構築を行なう必要があります。

　セリングプロセスとは、営業・マーケティング活動を、次の4つのプロセスに分解したフレームワークです。

①種まき（ソーイング）
②水まき（ウォータリング）
③収穫（ハーベスト）
④拡張（エクスパンション）

　事業目標を必ず達成させるには、正しいプロセスで計画的な活動を継続する必要があります。

● ① 種まき（ソーイング）［→241ページ］

　お客様を見つける活動のことをいいます。「予材になる可能性があるお客様」と最初にコンタクトを取るプロセスになってきます。

　イベントで集客する、ホームページで資料請求を受けつける、飛び込みで接触する、テレマーケティング、ダイレクトメールなどが種まきに当たります。

　「種まき」と命名している以上、この活動は「一度のみ」です。種をまいたあと、再びその種を拾ってまくことはありません。

　「種まき」で重要なのは、次の「水まき」につなげるために「種をまい

図13 セリングプロセス

種まき ソーイング	お客様を見つける行動 最初にコンタクトを取るプロセス	→ 情報を「DB化」していく
水まき ウォータリング	DB化したお客様に繰り返し接触する	→ 提案、売り込みをせず「単純接触」を図る
収穫 ハーベスト	商品説明、見積もりの提出、提案、クロージング	→ ラポールを築いたうえで具体的な「提案」をする
拡張 エクスパンション	既存顧客からの信頼を拡大（水まき）していく	→ お客様の中にある「拡大余地」を深掘りする

た場所」を把握することです。

そのために、お客様の住所や電話番号、メールアドレスといったデータを漏れなく入手する必要があります。このデータベースが予材資産につながる源泉になります。

「種まき」には、「お客様情報のデータベース化」というアクションがともないます。そのため、テレビCMや新聞広告、チラシ配りは、「種まき」ではありません。仮に駅前でティッシュを300個配ったとしても、300人のデータベースをつくることはできないからです。

広告やティッシュ配りは、「種まき」以前の活動であり、いわば「土をならす」行為です。広告に触れた人、チラシを受け取った人から問合わせがあった時点で、はじめて「種をまいた」ことになります。

● ② 水まき（ウォータリング）[→241ページ]

　一度接触したお客様（データベース化したお客様）に対して、繰り返し接触することをいいます。

　種をまいた以上は、当然、そこに水をやり続ける必要があります。「種まき」は一度だけですが、水まきは複数回、しかも、定期的にまき続けることが重要です。

　ホームページに問合せがあったお客様、イベントに参加してくださったご家族、誰かの紹介で一度接触した方に対し、定期的に接触していきます。ニュースペーパーやメルマガを配信し続ける、このような水まきを、怠らず続けます（不特定多数の人たちに何らかの情報をまき散らすことは、水まきではありません）。

　この段階では、提案や売り込みをしてはいけません。濃厚接触ではなく「単純接触」だからです。

　一度にたくさん水をやると根腐れるので、「時間を空けて、やさしく水をまく」ように心がけます。

　また、ただ水をまくだけでなく、栄養価の高い肥料も定期的にまいていきます。つまり、お客様にとって有益な「情報」です。

　お客様が何に関心を持っているか、どんな情報を持つと仕事や生活に役立つか、それを事前にヒアリングし、相手に合わせて情報提供をしていきます。

　情報は必ず「お客様視点」で吟味すべきです。当社の商品情報、キャンペーン情報は自社に都合のいい情報ですから、お客様が興味を持って来店したり、問い合せがなかったりする限りは控えめにすべきです。「毎月１回、２分間程度の短い接触を繰り返す」といった水まきによって、少しずつお客様との信頼関係が育まれていきます。

　ポテンシャルのあるお客様をリストアップして、種まきを行ないます（リストアップの方法である「予材ポテンシャル分析」については68ページで詳述）。

とはいえ、ポテンシャルがあるお客様に対して種をまいても、すぐに予材資産になるわけではありません。

種をまいたら、繰り返し水をまく。そして、お客様に当社のこと、商品のこと、営業の顔や名前などを覚えていただき、「何の違和感もなく１、２分の会話ができる関係性」になって、はじめて予材資産になるわけです。

③ 収穫（ハーベスト）［→241ページ］

いわゆる具体的な「商談」のことをいいます。

商品説明、見積もり、提案、クロージングなどが含まれます。

このプロセスで大事なのは、「どれくらいの期間、水をまいたら商談を持ちかけていいのか」などと考えないことです。

いつお客様がその気になるか、いつ需要が喚起されるかは、わかりません。「このお客様から今期中に仕事をもらいたい」と頭に入れつつも焦らずに、根気よく、定期的に水まきを続けることです。

お互いの信頼の花（ラポール）が咲きかけ、その結果として、お客様から声をかけられてから、具体的な商談を持ちかけるのです。

④ 拡張（エクスパンション）［→241ページ］

取引先（既存顧客）からさらに新しい商談、リピートオーダーをもらえるように信頼を拡張することをいいます。

「拡張」の具体的な活動内容は、「水まき」と同じです。

「水まき」は新規のお客様に対しての活動ですが、「拡張」は、「既存」のお客様に対する定期的な接触活動です。

たとえば、お客様のポテンシャルが「100」あるにもかかわらず、自社とは「10」しか取引がない場合、拡大余地は「90」です。

この90の中からクロスセル（他の商品などを併せて購入してもらうこと）やアップセル（上級グレードの商品を購入してもらうこと）につながるように水まきをするのが「拡張」の狙いです。

7割、8割を「水まき」と「拡張」に費やす

「セリングプロセス」の中で、予材資産の形成に貢献するのは、「水まき」と「拡張」です。

営業・マーケティング活動が「10」あるとすると、その中の7割、8割は、「水まき」と「拡張」に費やさなければなりません。緊急性のない「水まき」と「拡張」を、行動計画に優先配置するのが予材管理の要点です。

活動の中心が「収穫」（予材の仕掛り）が中心になっているとしたら、貯金を増やそうとせずに、お金を使うことばかり考えている人と同じです。すぐに、どんどん余裕がなくなっていきます。「水まき」よりも「収穫」のほうに意識が向きすぎていると、予材資産を増やすことができなくなるので、行動計画を見直す必要があります。

予材管理導入事例インタビュー

予材管理導入事例インタビュー ②

森田アルミ工業株式会社　東京オフィス

- 事業内容：室内・外のアルミ建材の製造販売／オフィス家具の製造販
  売
- 組織規模：30〜100人対象
- 対象：マネジャー
- 起こっていた問題点：①モチベーションが上がらない
  　　　　　　　　　　②人が入社してもすぐ辞める
  　　　　　　　　　　③営業部門と他部門に溝がある
  　　　　　　　　　　④新規開拓ができない
  　　　　　　　　　　⑤評価制度に難がある
  　　　　　　　　　　⑥目標が達成されない

……予材管理導入のきっかけは？

「予材管理という手法が非常にロジカルだったからです。予材管理のセ
ミナーを受講してすぐに、私から働きかけて、社長や営業部長にもセミ
ナーに出てもらいました。2人とも『論理的で、正しい』といっていま
した。

『会社によって予材管理の形は違う。カスタマイズして使うもの』と教
えていただいたのも、とても印象的でした。

　基本ルールはあっても、必ずしも型通りでなければならないことはな
く、会社によって定義や運用の形が異なる点も、納得性が高かったです。
自社のスタイルに沿ってカスタマイズしていいのなら、予材管理が新た
な取り組みとはいえ、かかるストレスを極力抑えることができます」

……予材管理の導入はスムーズにいきましたか？

「苦労がなかったわけではありませんが、社内で衝突が起きるほどでも
ありませんでした。当社にはもともと、『試行錯誤して、結果が出るまで
時間をかけて、自社に根づかせる』といった風土があるからでしょうか。

63

走りながら、自社の予材管理の形をつくった感じです。

　社長が短期的な売上目標を追いかけなかったことも大きいです。私たちを急かすようなことなく、『まずはやってみよう』と、余裕を持ってくれました。

　これまでとは根本的に考え方や発想を変えなければならないので、浸透するまで時間は相当かかりました。最初に予材管理をはじめようと決めてから、足かけ5年くらいは経っていますね」

……予材管理を導入した結果、どのような成果が生まれましたか？

「私が所長を務める東京オフィスが設立して3年目になりますが、毎年120～130％で伸びています。2015年に立ち上げた東京オフィスの売上が、今期3年目で当初の約2倍になる見通しです。これは予材管理のおかげといえます。

　それから、営業社員に対してもメリットがありました。これまでは『結果主義』が蔓延していました。具体的には、当月の売上で営業が評価されていたのです。

　現在は『当月の行動の実績』、つまり『予材を獲得するために今月どんな行動をしたか』で評価するようにしました。社員に聞くと、以前と比べてモチベーションが上がったとのこと。なぜなら、『がんばったら評価される』からです。

　そうすることで自然と訪問件数が増えたり、新規開拓営業を積極的に行なえるようになったりと、『未来につながる行動』にフォーカスするようになりました。

　今は、次の成長ステージに向かっている最中です。予材管理を導入したことで、外部環境の変化があっても耐えうる体力はついたのではないかと思います。

　現状としては、営業が『やればできる』という感触をつかみつつあります。全社的に浸透させている道半ばではありますが、予材管理を信じ、継続して取り組んでいきます」

予材管理導入事例インタビュー

Point

- 定義や運用の形が異なる点を、自社風にカスタマイズして運営している。
- 評価基準が「結果主義」から「予材を獲得するために今月どんな行動をしたか」へ変わった。
- 自然と訪問件数が増え、新規開拓営業を積極的に行なうなど、「未来につながる行動」にフォーカスできるようになった。
- 予材管理を行なうことで、今後外部環境の変化があっても耐えうる体力がついた。

第3章

「予材の埋蔵場所」を正しく特定する方法

「予材ポテンシャル分析」を行ない
種をまく先を見つける

潜在的にポテンシャルのある企業を見つけ出す

　予材資産を増やすには、「今すぐに仕事をくれるお客様」を相手にするのではなく、今すぐかどうかは別にして、**予材ポテンシャル[→239ページ]**のあるお客様に対して「種まき」「水まき」活動を続けます。

　短期的なリターンは狙わずに、中長期的な視点で予材資産の形成を考えることが重要です。

　正しく「種まき」「水まき」をするためには、新規および既存のお客様に、「予材資産がどの程度あるか」を見極める必要があります。

　したがって、お客様が「どのぐらい従業員を抱えているか」「どれぐらいの情報インフラを構築しているか」「年間、あるいは半期ごとに、どのくらい予算を設定しているのか」を推測し、仮説を立てる作業が欠かせません（ポテンシャル分析は決して、当社と取引する可能性を指しているわけではありません）。

　この分析作業を系統立てて実行することを、**予材ポテンシャル分析[→242ページ]**と呼びます。

　目標達成に寄与するお客様を見つけるには、相手の予材ポテンシャルを正確に把握することが大切です。

「全体ポテンシャル」と「予材ポテンシャル」

　予材ポテンシャル分析は、次の「２つ」のステップで進めます。

【予材ポテンシャル分析を進める２つのステップ】
ステップ①　接触先のリストアップ

　既存顧客や新規を含めた「種まき」先をリストアップします。

　予材の埋蔵量を客観的に分析するために、接触先に関しては、営業の思いつきや主観でリストアップしてはいけません。

「種まき」先のリスティングから分析に至る作業は、営業自身が行なうのではなく、現場から距離を置いた「マーケティング部門」、あるいは「営業マネジャー」が外部の企業データベース（帝国データバンクなど）を活用してリスト化します。

　理由は、現場の営業パーソンはこれまでの自分の経験から、「ここには脈がない」「以前アプローチしたときに反応が鈍かった」と感覚で判断しがちだからです。

　こうした先入観を排除するため、客観的なデータに基づいて分析します。外部のリストを使うのは、社内のリストだけでは抜けや漏れが多くなるからです。

　「種まき」先のリストをつくるときは、「条件」に基づいて実施します。「年商、従業員数、立地」といった基本条件を定め、それに該当する企業を探します。次のようなイメージでピックアップしていきます。

【種まき先のリストをつくる条件】
- アルバイトが10人以上働いているであろう会社
- 1000㎡以上の敷地面積の工場があるであろう会社
- ５台以上は複合機を所有しているであろう会社
- 10台以上の社用車があるであろう会社
- 1000万円以上のＩＴ予算があるであろう会社

「規模が大きい会社」「広告費をたくさん使う会社」「ＩＴ予算が潤沢にある会社」など、基本条件が抽象的な場合、質の高い予材資産が積み上がりません。たとえ推測であろうと、「工場内の照明器具が100個以上は

設置されているであろう」などと、具体的な数字で種まき先の「条件」を考えていきます。不適切なリストを作成したら不適切な営業・マーケティング活動をすることになるため、リストアップ作業には労力を惜しんではなりません。

ステップ② 「全体ポテンシャル」と「予材ポテンシャル」の分析

新規と既存の両方を含めた接触先をリストアップしたら、それぞれ「どの程度のポテンシャルがあるのか」を考えます。

ポテンシャルには、「全体ポテンシャル」と、「予材ポテンシャル」があります。

「全体ポテンシャル」とは、自社が扱っている商材に対して、どれくらい取扱量があるのか、その総額を指します。

人材派遣の事業をしているのであれば、リストアップした先に「どれぐらいの派遣社員がいるか」。携帯電話の販売事業をしているのであれば、「どれぐらいの社員が携帯電話を会社契約しているか」。工場用のＬＥＤ照明を扱っているのであれば、「どれぐらいの広さの工場があり、どれぐらいの照明器具があるか」を推測するところからはじめます。

全体ポテンシャルには、ライバル他社の同じ商材の購入に使っているであろう金額も含まれます。別の言い方をすると、「種まき先における予材の取扱量の総額」のことです。

「あの会社なら、取り扱っている商品ラインアップから、10億円の取扱量がある」と推測できるとしたら、「10億円」が全体ポテンシャルの総額になります。

次ページの「予材ポテンシャル分析グラフ」に示した「帯全体の長さ」が、全体ポテンシャルをあらわします。

この総額を推測するには、接触先の状況を詳しく知る必要があります。ところが、「お客様からいわれたことをやってきただけ」という営業パーソンは、接触先の現状や問題点がわからないため、総額を推測すること

第3章 「予材の埋蔵場所」を正しく特定する方法

図14 予材ポテンシャル分析グラフ

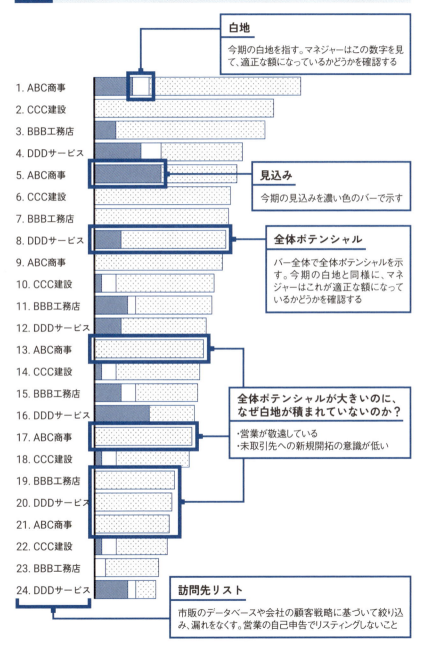

ができません。数字で全体観をとらえる習慣がないのです。

　現場に入ってコンサルティングをしていると、「重点顧客なのに、全体ポテンシャルについて考えたこともない」という営業パーソンが非常に多いことに気づきます。

　重点顧客の全体ポテンシャルを意識せずにこれまで取引していたというのであれば、受け身で仕事をしていたという証拠です。

　顧客に恵まれていたり、商品力があったりする場合は、受け身でも成立しますが、数字で全体観をとらえる習慣を持っていないと、予材管理を導入して、全社で「考える経営」をめざすことはできません。

　したがって、日ごろから能動的に行動をして、お客様の潜在的なポテンシャルや予材の埋蔵量を考える習慣を身につけることが大切です。

　全体ポテンシャルが「10億円」と推測できたとしても、10億円すべてが自社の予材になるとは限りません。そこで、大雑把でもかまわないので、「10億円のうち、いくらなら可能性があるか」を考えます。「10億円すべて受注するのは現実的ではないが、最大で6億円は可能性がある」とするなら、この6億円が「予材ポテンシャル」の額になります。

　「種まき先のリストアップ」と同様に、「全体ポテンシャル」と「予材ポテンシャル」の分析を行なうべきは、マーケティング担当者や営業マネジャーです。種まき先も、接触する間隔も、終了タイミングも、営業などの現場が決めるのではなく、マーケティングセクションが担当します（マーケティングセクションが担当する理由は、第4章で詳述します）。

　実際の分析作業は、「予材ポテンシャル分析シート」という集計用ツールに記述します（記入のポイントは184ジー参照）。

　そして、この分析作業が終わったら、営業パーソンは、策定された行動計画に従って、「営業・マーケティング活動（水まき、種まき、収穫、拡張）を行ないます。

「アンゾフの成長マトリクス」で予材の埋蔵場所を判断する

商品力にはスランプがあっても、販売力にはスランプがない

　経営に軍事用語である「戦略（ストラテジー）」を経営に用いて、「市場における競合」という概念を持ち込んだのが、アメリカの経営学者のイゴール・アンゾフです。アンゾフは戦略経営論の創始者といわれています。

　アンゾフが『多角化戦略』という論文で発表したマトリクスが、「アンゾフの成長マトリクス」です（「製品―ミッションマトリクス」「２×２成長ベクトル要素マトリクス」など、いろいろな呼び方をされています）。「アンゾフの成長マトリクス」は、企業が成長戦略を考えるとき、「どのような成長戦略をとることが望ましいか」を判断するためのツールですが、これは「予材ポテンシャル」の見極めにも役に立ちます。

　「成長マトリクス」では、「市場」と「製品」の２軸を設定し、それぞれ、「既存か」「新規か」で区別して、４つの象限に分類をします。

①**市場浸透戦略（既存の市場×既存の製品）**
　　……既存市場において既存製品をもとに検討する
②**商品開発戦略（既存の市場×新規の製品）**
　　……既存市場において新製品を投入する
③**市場開拓戦略（新規の市場×既存の製品）**
　　……既存製品をもとに新市場を開拓する

④多角化戦略（新規の市場×新規の製品）
……製品・市場ともに既存のものではなく新しい分野に参入する

この①から④の象限の中で、予材の埋蔵率が期待できる組み合わせは、「①」と「③」です。

●「①既存の市場×既存の製品」の場合
現場の営業は、「既存顧客にはこれ以上積み上げられる予材がない」と考えがちです。しかし既存の顧客と関係性を深め、情報収集を続けると、新たな予材ポテンシャルを見つけられる可能性があります。

仮に自社が、商品Ａ、商品Ｂ、商品Ｃ、商品Ｄの４つの商品ラインアップを取り扱っていて、「取引先・Ｘ社」に対して「商品Ａ、商品Ｂ、商品Ｃは販売しているが、商品Ｄはまだ提案したことがない」としたら、次

図15 「成長マトリクス」の４象限

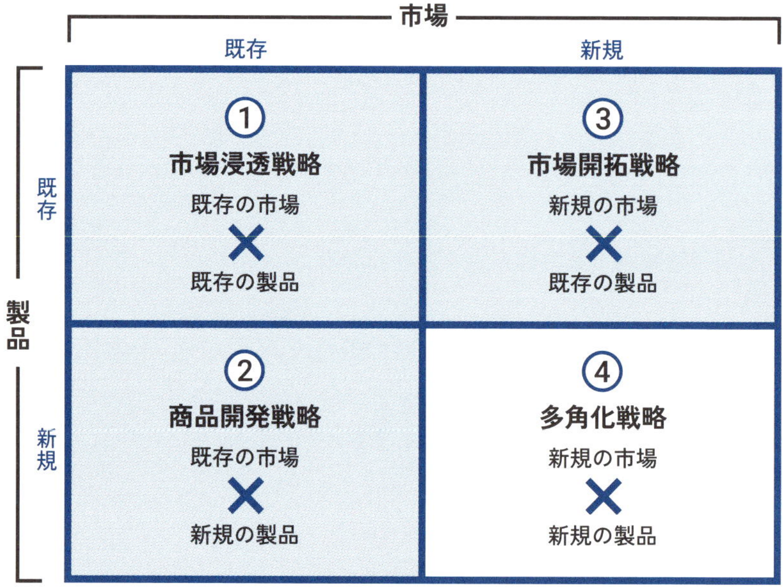

	市場	
	既存	新規
既存（製品）	**①** **市場浸透戦略** 既存の市場 **×** 既存の製品	**③** **市場開拓戦略** 新規の市場 **×** 既存の製品
新規（製品）	**②** **商品開発戦略** 既存の市場 **×** 新規の製品	**④** **多角化戦略** 新規の市場 **×** 新規の製品

のことを検討します。

「商品A、商品B、商品Cの取扱量を増やすことはできるか」
「商品Dを提案する余地があるのか」

　このようにして、新たな予材ポテンシャルを見つけていきます。

●「③新規の市場×既存の製品」の場合

　新製品は、売れるか売れないかを正確に予想することはなかなかできません。「絶対に売れる」と声高に叫んでも、他社で成功した事業を真似ても、必ずしもうまくいくとは限りません。

　ですから、商品力に頼った営業・マーケティング活動をしている会社は、業績が不安定になりやすいのです。

　いっぽう、販売力にはスランプがありません。プロ野球の世界には、「打撃にスランプはあっても、走塁にスランプはない」という常套句があります。組織経営における販売力は、まさしく野球の「足（走塁）」に該当します。

　販売力がある会社は、市場が変わっても（取引先が新しくなっても）、扱う商品が変わっても、安定的に業績を伸ばすことができます。

　私がコンサルティングにかかわったある会社（A社とします）の社長は、「商品力によって売上を上げる」という戦略に固執していたので、私は次のように提案しました。
「商品力にはスランプがある。けれど、営業力にはスランプがない。だから、営業力で勝負すべきではないか」

　しかし、この私の提案を受け入れてもらうことができず、結果的にコンサルティング支援を中断することになりました。その数年後、この会社は「倒産」しています。

　A社は、オフィス家具を仕入れて販売する小売業です。本来、「差別化

できない商品」は、予材管理に適しています（218㌻で詳述します）。営業力で勝負できるからです。

ところがA社の社長は、地道な営業・マーケティング活動やプロモーション活動をせずに、「いい商品を仕入れれば、数字がついてくる」という考えを捨て切れなかったのです。

社長が新しい商材として選んだのは、飲食店・店舗向けの「デジタルサイネージ（電子看板）」でした。当時、店頭や交通機関などあらゆる場所で目にし、社長が「次はこれが当たる！」と思いついたのがはじまりです。

しかし、この商品選択が裏目に出ます。A社には、「デジタルサイネージ」を利用する可能性を持ったお客様がほとんどなかったからです。

もしもそのようなお客様があれば、②の組み合せ「既存の市場×新規の製品」となったはずですが、A社の場合は④の組み合せ「新規の市場×新規の製品」となってしまうので、そうなると強い営業・マーケティ

図16　予材を蓄えるためには「商品力」ではなく「営業力」にフォーカスする

| 商品力 | 「売れるものなら、何でも扱う」
▼
会社のコアコンピタンス（事業の核）が揺らぐ
▼
予材が積み上がらない |

| 営業力 | お客様と向き合って「水まき」を繰り返す
▼
お客様のことを理解する
▼
新しい予材が積み上がる！ |

ング力が要求されます。

　短期的に成果を出すには、経済的コストをふんだんに使ったプロモーションをすべきです。しかし、業績が傾いていたＡ社にはそのような余裕がありません。

　本来であれば、営業パーソンが店舗や公共交通機関など、予材ポテンシャルの高そうな「種まき先」をリストアップし、地道に「水まき」活動を継続しなければならなかったのですが、Ａ社にはそもそも「営業力を基軸にして事業を拡大する」という思想がありませんでした。デジタルサイネージを売り伸ばす戦略も戦術も持っていなかったのです。

　どんなに商品に魅力があっても、「すでに関係ができているお客様（予材資産）」、そして「売る力（営業・マーケティング力）」がなければ事業として成立しません。物があふれる時代です。魅力的な商品の取り扱いをはじめたら、勝手に売れていくことなどありえないのです。

「商品力」に焦点を合わせすぎると、「売れるものなら何でも扱う」という思考に陥ってしまいます。その結果、「本来売っている商品」「売りたかった商品」「自社のビジョンやミッションの達成に寄与する商品」とはまったく関係のないものまで売ることになり、会社のコアコンピタンス（事業の核）が揺らいでしまいます。

「売れるものなら、何でも扱う」という発想は、目先の利益を求める発想です。29ﾍﾟで紹介した「理念経営企業」とは真逆の思想です。お客様目線が欠けすぎているので、質の高い予材資産を積み上げることができないのです。

77

「接触すべき先」は「単価×個数」で決める

予材量は「単価×個数」で決まる

　たとえば、今期の事業目標が「1億円」だとします。予材は、目標金額の「2倍」ですから「2億円」です。この2億円を、適性予材量[→242ページ]と適性予材単価[→242ページ]でさらに分解して、達成可能なレベルにまで落とし込んでいきます。

　まずは、予材の量を算出します。
「適性予材量」は、営業1人に対して扱える予材の量を指しますが、自己マネジメントできる量から逆算すると、1人につき「50個」を1つの目安（経験則）として考えます。

　次に、予材の単価です。
「適性予材単価」は、予材1つあたりの金額をあらわすものです。
　目標が「1億円」であれば、予材は2倍の「2億円」です。この2億円を、先述した目安の50（適性予材量）で割ると「400万円」となり、これを仮の「適性予材単価」と定めます。
　1年間で1社からいただける「400万円」の仕事とはどんなものでしょうか？　これを考えながら営業活動を進めます。
　毎月35万円ほどお客様から仕事をいただけたら年間「400万円」に近づきます。「100万円」の仕事を4ついただいてもいいですし、1万円の製品を400ロット注文いただいてもいいのです。

　1社からもらう年間の受注額の目安を「400万円」と仮定すると、「ど

図17 「適性予材量」「適性予材単価」を把握してからアプローチする

- 適性予材量 ＝ 営業1人が抱える予材の量 → 50個が目安
- 適性予材単価 ＝ 予材1つあたりの金額

目標「1億円」 → 予材は2倍の「2億円」
2億円÷50個（適性予材量）＝ 400万円 → 適性予材単価

▼

1社からもらう年間の受注額の目安を「400万円」と仮定すると、
「どれぐらいの規模のお客様と接触したほうがいいのか」
「どの商品を組み合わせると400万円になるのか」
いろいろなアイデアが湧いてくる

れぐらいの規模のお客様を条件として種まき先を設定すべきか」「どの商品を組み合わせると400万円になるのか」など、いろいろなアイデアが湧いてきます。

　もちろん、50万円、500万円、1000万円の予材があってもいいのですが、適性予材単価の考えを持っていれば、1つの目安として年間「400万円」ぐらいの取引ができるお客様に「種まき」「水まき」しなければならない、とわかってくることでしょう。

「400万円」の予材など、どう組み合わせてもむずかしいというのであれば、適性予材量を変化させることです。
　たとえば適性予材量を「100個」にすれば自動的に適性予材単価は「200万円」に下がります。
「200万円の予材なら何とか考えられる」、というのであれば、これを「適性予材単価」としましょう。ただし私の経験からして、予材の量が

100個近くになると、管理対象の予材の数が多すぎてマネジメントしづらくなります。1つ1つの予材をメンテナンスすることができず、予材コンバージョン率が悪化していく恐れがあるからです。

反対に、適性予材単価を上げてしまうと別の問題が出てきます。

たとえば適性予材単価を「1000万円」にして適性予材量を20個にすると、どうなるでしょう？　大型の予材狙いという姿勢です。

20個の予材にすることで管理負担は減りますが、1つ1つの予材が形にならなかったときのリスクが大きすぎます。

予材管理の特徴である「リスク分散」の基本ポリシーにそぐわないため、目標未達成リスクが上昇します。つまり、あまり大物狙いに偏らないほうがよいのです。

適性予材単価は高すぎても低すぎてもマネジメントしにくい

適性予材単価を高く設定してしまうと、行くべき先の対象が限られるため、リスクが増します。反対に適性予材単価を低くしすぎると、適性予材量を膨大に積み上げなければなりません。

仮に、昨年の実績などから、「1社から受注できる金額を平均すれば、100万円くらいではないか」と計算し、「適性予材単価を100万円」に設定したとします。

適性予材単価は商品単価とは違いますから、「10万円の商材を10個買ってくれる」でも、「50万円の商材を2個買ってくれる」でもかまいません。「100万円の予材がある会社はどこか」を考えます。

予材は事業目標の2倍の「2億円」ですから、2億円の予材規模を「適性予材単価100万円（100万円の予材がある会社）」で埋めようとすると、「200個」が必要になります。しかし、「200個」の適性予材量はあまりに多すぎます。個人でマネジメントできる量ではありません。

極端ですが、もしも適性予材単価を「1億円」に設定すれば、適性予

第3章 「予材の埋蔵場所」を正しく特定する方法

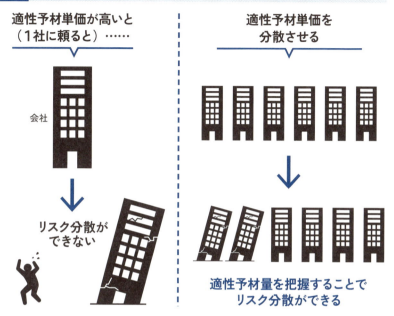

図18 金融投資と同じように、予材のポートフォリオを考える

材量は「2個」で十分です。1年間かけて2つの予材を追いかければいいので、どちらか1個でも受注できれば「目標達成」です。

このように、適性予材単価を高くすれば、適性予材量は少なくなりますが、非常にリスクが高くなります。適性予材量が少なければマネジメントしやすくなりますが、少なすぎるとリスク分散できません。

これは、金融投資と同じです。たとえば、不動産投資にしても、複数の物件を同じ地域に持っていると、物件の価値を下げてしまうような環境の変化があった場合に、すべての物件がリスクにさらされます。

複数の物件を異なるエリアに持って運営していれば、リスクを分散できます。また、エリアだけでなく、建物の用途・属性・築年数など、さまざまな要素で分散戦略が考えられます。

投資の世界には、「卵は1つのカゴに盛るな」という格言があります。卵を1つのカゴに盛ると、そのカゴを落とした場合には、全部の卵が割

81

れてしまいます。しかし、複数のカゴに分けて卵を盛っておけば、そのうちの1つのカゴを落としても、他のカゴの卵を守ることができます。

予材管理の考え方も、分散投資が基本です。予材全体を俯瞰して、その投資配分先を適正にコントロールしていくことが大切です。

その事業目標は本当に適正か?

以前、6か月間続いた「予材管理セミナー」の修了式に、ある会社のマネジャー（Aさんとします）から、次のような挨拶をいただきました。「4月から、社長直轄の新規事業の部隊を任されることになりました。横山先生からご指導いただいた予材管理を使って、絶対に目標を達成します。部隊のメンバーは4人で、事業目標は1人5000万円です」

Aさんが「5000万円」といった瞬間、私は、「それは無理ですね」と即答しました。社長が何の根拠もなく、Aさんに事業目標を与えたことがわかったからです。

1人5000万円の目標ということは、新規事業部の目標は「2億円」、予材は「2倍」の「4億円」です。

「アンゾフの成長マトリクス」（73ジ）でもわかるように、「新規の市場×新規の製品」は最も予材が見つかりにくいため、初年度から「4億円」の予材を積み上げるのは、非現実的です。そのうえ、Aさんが携わる新規事業は、適性予材単価が低かったのです。

Aさんが携わる新規事業は、「スマートフォンアプリ事業」でした。「月額制アプリをリリースする」という計画です。

仮に、アプリの月額利用料が100円だとします。「アプリを1000人が使う会社」に導入したとすると、「毎月10万円」の実績になります。年間で120万円です。120万円を適性予材単価とした場合、適性予材量は、「300個以上」必要です。

82

図19 適性予材単価×適性予材量

　営業1人がセルフマネジメントできる適性予材量（50個）を考えると、「4人で330個以上（1人80個以上）」は現実的ではありません。1社の利用人数が1000人以下になれば、さらに適性予材量が増えることになります。それに、市場ポテンシャル（どこに市場があり、その市場規模はどれほどの可能性を持つか）を考えると、「アプリを1000人が使う会社」を300社以上、初年度から獲得できるとは到底思えませんでした。
　適性予材単価、適性予材量、市場ポテンシャルなどから総合的に判断すると、Aさんの新規事業は、非常にむずかしいビジネスモデルだったということがわかります。

　このように、予材管理に慣れてくると、どのような事業をどれぐらいの期間で、どれぐらいの目標を達成させられるかを予測できるようになります。経験を積めば積むほど、事業計画の妥当性も判別できてくるのです。

「予材の受注リードタイム」から適性予材単価と適性予材量を考える

予材を仕込んでから収穫までに、どれくらいの時間が必要か？

単価と量のほかに、もう1つ「時間」の概念も重要です。

予材ポテンシャル分析をして「種まき先」を特定したら、お客様との接触を繰り返し（「種まき」と「水まき」）、受注に移行するわけですが、予材を仕込んでから、実際に仕事になるまでには時間がかかります。この時間を、予材の受注リードタイム[→242ページ]と呼んでいます。

定期的に「水まき」を続けたからといって、すぐに受注につながるわ

図20 「予材の受注リードタイム」の概念

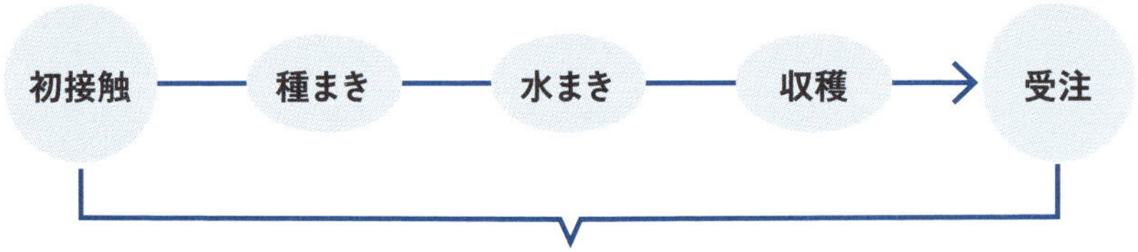

初接触 → 種まき → 水まき → 収穫 → 受注

- 短いほど効率的だが、1日、2日で白地から受注に移行することはほとんどない
- 数年単位でかかる場合や、受注につながらず終わってしまう予材もある

適性予材単価が小さい場合、「予材受注のリードタイム」が短くないと非効率

Ex) 1億円の目標に対し、適性予材単価を100万円、適性予材量を200個としてしまうと、受注リードタイムが短く、予材回転率が高くないとまわっていかない

予材の単価や量だけでなく、「時間」の概念も重要！

けではありません。「予材の受注リードタイム」は短いほど効率的ですが、1日、2日で白地から受注に移行することは例外的です。

「予材の受注リードタイム」が1年、2年とかかるものもありますし、受注につながらず終わってしまう予材も多くあります。

「予材の受注リードタイム」は「適性予材単価」との関係が深く、適性予材単価が小さい場合は、「予材の受注リードタイム」が短くないと非効率的だと覚えておきましょう。

　先述したとおり、1億円の目標に対し、適性予材単価を100万円、適性予材量を200個としてしまうと、受注リードタイムが短く、予材回転率が高くないとまわっていかないのです。

　適性予材単価が小さいのに、3か月も4か月も予材が滞留すると、いくら目標の2倍の予材が積み上がっていても、予材が受注するまでの期間が長すぎて期待どおりの成果を出すことができません。

　予材の単価や量のみならず、「時間」の概念も持つようにしてください。

事業内容によっては
適正予材規模が「2倍」にならない

適正予材規模の計算方法

　予材管理では、事業目標の「2倍」の予材を積み上げるのが基本です。積み上がった2倍の予材を、適正予材規模［→242ページ］としています。

　仮にA社の事業目標が「1億円」であるならば、A社の適正予材規模は「2億円」になります。

　ですが、会社の事業スタイルによっては、「2倍も予材を積み上げることができない」ケースや、「2倍以上積み上げなければリスクヘッジにならない」ケースがあります。

　たとえば、次のようなケースでは、適正予材規模は「2倍」にはなりません。

- 1人当たりの事業目標（1年間）…34億円
- 予材に占める「見込み」の額…32億円
- 適性予材単価…100万円

　事業目標のうち、32億円は「見込み」の予材ですから、目標34億円に対して不足分は「2億円」です。

　いっぽう適正予材規模は、「34億円」の「2倍」で「68億円」になります。

　不足分の2億円を補うことができれば目標は達成するのに、倍率を「2倍」に設定すると、「適正予材規模（68億円）－見込みの予材（32億円）」となり、「36億円」の予材上積み分が必要になります。

第3章 「予材の埋蔵場所」を正しく特定する方法

　適性予材単価が「千万単位」あるいは「億単位」であればまだしも、適性予材単価は「100万円」ですから、「36億円」を上積みするには、「3600個」の予材が必要になります。

　これは、個人１人が管理できる予材量ではありません。したがって、このケースにおける適正予材規模は、「２倍では多すぎる」ことがわかります。

　適正予材規模を計算するには、前提として、**適性予材コンバージョン率[→242ページ]** を知っておかなければなりません。

　適性予材コンバージョン率とは、積み上げた予材（見込みを除く）のうち、受注まで移行できた予材の割合のことをいいます。

適性予材コンバージョン率によって適正予材規模は変わる

　仮に今期の事業目標が「１億円」で、「見込み」が「9000万円」あったとします。この場合、今期の不足分は「1000万円」です。

　予材の上積み分を算出するには、まず、適性予材コンバージョン率を決めます。

　適性予材コンバージョン率は、「だいたい、これくらいかな」という大雑把な数字でかまいませんが、「甘く見積もらない」ことが重要です。低く見積もっておいたほうが、未達成リスクを回避できるからです。

「100％（すべての予材を受注できる）」は絶対にありえませんし、「50％（２つのうち１つは受注できる）」でも高すぎます。

　仮に、適性予材コンバージョン率を「20％」に設定したとします。すると、不足分の「1000万円」を確保するためには、「5000万円」分の上積みが必要だとわかります（1000÷0.2＝5000）。

　したがって、このケースの場合は、次のような計算式が成り立ちます。

9000万円（見込み）＋5000万円（上積み）＝１億4000万円（適正予材規模）

適性予材コンバージョン率を「20%」として計算すると、予材は2倍必要ない（適正予材規模は1.4倍でいい）ことがわかります。

　適性予材コンバージョン率をさらに低く見積もって「10%」として計算した場合は、上積み分は「1億円」です。

9000万円（見込み）＋1億円（上積み）＝1億9000万円

　仮に、不足分が「2000万円」で、適性予材コンバージョン率が「10%」であるならば、「2億円」の上積みが必要になるため（2000÷0.1＝1億）、次のようになります。

8000万円（見込み）＋2億円（上積み）＝2億8000万円

　これは、事業目標の「3倍」近い予材が必要になる計算です。

　適性予材コンバージョン率をいくつに設定するかによって、適正予材規模は変わってくるので、日ごろから数字を意識して、適性予材コンバージョン率を見極めることが重要です。

　ちなみに、常日ごろから新規の市場開拓に意識を向けていない方は、「適性予材コンバージョン率」を甘く見積もる傾向があります。
　すでに信頼関係ができた既存の取引先ならともかく、まだ「種まき」、そして「水まき」をしている最中の「白地」の予材が、10%も20%の確率で実績につながると期待しないほうがいいでしょう。

　「仕掛り」「白地」を含めた予材全体の受注するコンバージョン率ですから、辛めの「3〜5%」程度にして計算してみることをお勧めします。

第3章 「予材の埋蔵場所」を正しく特定する方法

図21 「適正予材規模」の計算方法

CASE 1 事業目標：1億円／見込み：9000万円／不足分：1000万円

❶適性予材コンバージョン率「10%」
9000万円(見込み)＋1億円(上積み)＝1億9000万円(適正予材規模)

↓

事業目標の「2倍」近い予材が必要

❷適性予材コンバージョン率「5%」
9000万円(見込み)＋5000万円(上積み)＝1億4000万円

↓

予材は2倍必要ない(適正予材規模は1.4倍でいい)

CASE 2 事業目標：1億円／見込み：8000万円／不足分：2000万円

❶適性予材コンバージョン率「10%」
8000万円(見込み)＋2億円(上積み)＝2億8000万円

↓

事業目標の「3倍」近い予材が必要

❷適性予材コンバージョン率「20%」
8000万円(見込み)＋4億円(上積み)＝4億8000万円

↓

事業目標の「5倍」近い予材が必要

適性予材コンバージョン率によって、適正予材規模は変わってくる

日ごろから数字を意識して、適性予材コンバージョン率を見極める

「予材コンバージョン率」を意識すると目標未達成リスクを回避できる

予材コンバージョン率によって問題の所在が明らかにする

「予材の積み上げと、目標達成に受けた活動が適切に行なわれているか」
「予材が成約に向かっているか」

これらを確認するには、**予材コンバージョン率[→240ページ]**の推移を見る必要があります。予材コンバージョン率には、次の「3つ」があります。

- 白地ＣＶ率（ＣＶ：コンバージョン）……「白地」から「仕掛り」に移行した確率
- 仕掛りＣＶ率……「仕掛り」から「見込み」に移行した確率
- 見込みＣＶ率……「見込み」から「受注」に至った確率

「見込み」は、「ここ数年の実績から考えて、今期も間違いなく受注する予材」ですから、「見込みＣＶ率」は原則として「100％」です。
「白地ＣＶ率」と「仕掛りＣＶ率」は、「過去の経験値」から算出しておくことが重要です。

したがって、次のような計測していく必要があります。

- 1年間やってきて、「白地」から「仕掛り」に移ったのはどれくらいあったか
- 「仕掛り」から「見込み」に移ったのはどれくらいあったか

適正予材規模を計算するときの「適性予材コンバージョン率」は感覚的な「目安」でかまいませんでしたが、「仕掛りＣＶ率」と「見込みＣＶ率」は、過去の数字（目標と実績）を見て、正しく計算してください。（※つまり、予材管理をスタートさせたばかりの組織はＣＶ率を計算しようがない。プロ野球の世界に入ったばかりの新人と同じ。野手であれば打率。投手であれば防御率。高校や大学時代、どんなに実績があろうと、どれぐらいの数字を残せるか、予測することは非常にむずかしい）

「見込み」「仕掛り」「白地」、それぞれの予材の金額と、予材コンバージョン率がわかれば、目標未達成リスクが高いか、低いかを判断することができます。

仮に事業目標が「１億円」であれば、仕込む予材は「２億円分」です。

たとえば、それぞれの数値を次のように設定したとします。

【予材】
- 「見込み」…8000万円
- 「仕掛り」…6000万円
- 「白地」…6000万円

【ＣＶ率】
- 「見込みＣＶ率」…100%
- 「仕掛りＣＶ率」…30%
- 「白地ＣＶ率」…5％

【予材×ＣＶ率】
- 見込み／8000万円×100%＝8000万円
- 仕掛り／6000万円×30%＝1800万円
- 白地／6000万円×5％＝300万円

8000万円＋1800万円＋300万円＝１億1000万円

→目標達成

すべてを足すと「1億円」を超えるため、目標未達成リスクは低いと考えることができます。

ところが「仕掛りＣＶ率」が20％だったり、「白地」が絵に描いた餅になっていて、「白地ＣＶ率」が０％に近かったりすると、目標未達成リスクが高くなります。

私は多くの現場で予材管理のコンサルティングを行なっていますが、予材が２倍あるのに目標が達成しない企業の多くは、予材コンバージョン率を考慮せずに、感覚的な営業・マーケティング活動をしています。したがって「なぜ、目標を達成できないのか」という原因を特定することができません。

１つ１つの予材（商談）や商材の良し悪しにばかり目を向けて、全体観をとらえた自己マネジメントができないのです。

- 仕込んでいる予材の質に問題があるのか
- 仕掛りの予材に対する進め方に問題があるのか
- 適正予材規模が２億円では足りないのか

これらを常に意識していくことで、営業・マーケティング活動の改善につなげることができるのです。

第3章 「予材の埋蔵場所」を正しく特定する方法

図22 「予材コンバージョン率」の推移

予材		CV率
白地 6000万円	→	**5**% 6000万円×5％＝300万円
仕掛り 6000万円	→	**30**% 6000万円×30％＝1800万円
見込み 8000万円	→	**100**% 8000万円×100％＝8000万円

8000万円＋1800万円＋300万円＝１億1000万円

↓

目標達成！

「仕掛りCV率」が20％だったり、
「白地CV率」が０％に近かったりすると、
目標未達成リスクが高くなる

「予材コンバージョン率」が低い場合は目標達成に向けた改善に取り組む

予材コンバージョン率が低い場合の改善策

　予材コンバージョン率が低い場合は、ＰＤＣＡをまわして、目標達成に向けた改善を行なう必要があります。各要素を、「原因」と「対策」の観点から見ていきましょう。

①「見込みＣＶ率」が低い場合
【原因】
「見込み」は、「今期、間違いなく実績につながる予材」なので、「100％」でなければならない。
「見込みＣＶ率」が100％でないとしたら、「不確実性の高い予材」が「見込み」に含まれている可能性があり、「見込み」予材の純度が低い。
【対策】
　本来は「仕掛り」である予材が入っていないかを検証する。

②「仕掛りＣＶ率」が低い場合
【原因】
「仕掛りＣＶ率」が低い場合は、営業本人のコミュニケーションスキルや提案力に問題がある。
【対策】
　個人のスキルアップには時間がかかるため、まずは「相手の組織の誰に会っているのか」「社長や部長など、自社の役職者を効果的に活用しているか（ラインコントロール、96ページで詳述します）」「適切なキーパーソンに正しいタイミングで接触し、正しい提案ができているか」をチェッ

クする。

③「白地ＣＶ率」が低い場合

【原因】

　営業パーソンが定期的に「水まき」をしていない。単純接触の回数が少ない。引き合い対応（お客様のほうから問合わせのあった仕事）だけをして、予材の開発・開墾をしていないなど、営業パーソンの行動の質や量に問題がある。

　ただし、「白地」はお客様がまだ意識していない「仮説」にすぎないため、「白地ＣＶ率」は通常、それほど高くはならない。したがって「白地ＣＶ率は低い」のが前提。

【対応】

「水まき」をしているにもかかわらず、「仕掛り」に移行する可能性が低いのであれば、「今期は望みが薄い」と判断し、「白地」から外す。

「白地」が減ると、適正予材規模を割り込んでしまう（予材の量が減ってしまう）ため、「予材資産」の中にある別の予材との入れ替え作業を行ない、予材の新陳代謝を図る。

　入れ替えをせずに「白地」として残しておくと、「塩漬け予材（保有しているものの、前に進めることができない予材）」と化す。「塩漬け予材」が一定量を増えると、目標未達成のリスクが高まる。

「ラインコントロール」を行ない
決裁権限者とつながる

予材資産を増やすために、ラインコントロールを意識する

　予材資産を増やすためにはどうすればいいのか、ここからはある事例をもとに解説していきます。

「A社」が予材資産を増やすために、「イベントへの出展」を決めました。
　A社の営業が、予材ポテンシャルのある「B社」に対して「イベントの告知」をするとき、最初にアプローチするのは、相手の窓口担当者です。
　B社の企業規模にもよりますが、ほとんどの場合、窓口担当者には決裁権限がありません。決裁権限を有するのは、職責上位者です。
　B社が担当者→課長→部長といった直線的な指揮命令系統（ライン）を持っていて、決裁権限が「部長」にあったとき、イベントに来場していただきたいのは、B社の部長です。
　ところがA社の営業とB社の部長の関係性が薄いと、直接つながることができません。その場合は、自分がつながることのできる相手（B社の窓口担当者）を通じて、イベント情報を部長に届ける必要があります。
　そこで、担当者から部長へ、イベント情報が正確に、そしてすみやかに流れていくように、B社のライン（指揮命令系統）をコントロールするのです。
　このように、相手企業のラインに能動的に働きかけるコミュニケーション手法を、私は **ラインコントロール**［→242ページ］と呼んでいます。

　A社の営業が、B社の窓口担当者に対して「メール」を使ってイベン

ト告知をしたとします。

その後、B社の担当者から返信がなければ、A社の営業は次のように考えます。

「返事がないということは、興味がないということだ」

しかし、「返信がない」からといって、「B社の部長はイベントに興味を持っていない」と考えるのは早計です。

なぜなら、窓口担当者が受け取った情報が、部長に届いているとは限らないからです。窓口担当者が「メールを読んでいなかった」、あるいは「読んでも、興味を示さなかった」という可能性もあります。

ラインコントロールで重要なのは、相手に依存しないで、こちらが主導権を握ることです。

相手にボールを投げたら投げっぱなしにしない。ボールが返ってくるのを待たない。ラインコントロールでは、このような「自分からボールを取り戻しに行く」姿勢が求められます。

もし私がA社の営業だとしたら、相手からの返信は期待しません。投げたボールを自分から取りに行きます。

メールを送った翌日には先方の担当者に電話をかけて確認をします。

「○月×日に、東京ビッグサイトで、○○○をテーマにしたイベントがあり、わが社も出展を予定しています。昨日、メールでイベントのご案内をお送りさせていただいたのですが、ご覧になっていますか?」

さらに、イベントに来場してほしいのは、電話口の相手（担当者）ではなく、決裁権限を持つ「B社の部長」です。次のようにコミュニケーションを続けます。

「○月×日のイベントで、わが社は新しいソリューションを発表します。御社の部長が、こういったシステムにご興味があることは私も知っています。イベント当日はわが社以外にも、おもしろそうなブースが出展し

ますし、著名講師による講演もあるようです。もし日程が合えばいかが
でしょうか？　部長にぜひ、お伝えください」

　つまり、「来場してほしいのは、部長である」ことを強調するのです。
　メールを送り、確認の電話を送っても、まだ安心ができません。次は、
「対面」にて先方の反応を直接確認します。
　B社への「水まき」活動の際、イベントのチラシを担当者に直接わた
し、念押しをします。

「〇月×日のイベントの件、部長にお伝えいただけましたか？　ぜひ、部
長さんに来ていただきたいと思っています」

　それでもまだ反応がもらえなければ、もう一度、電話をかけて（ある
いは、単純接触して）「部長に来ていただきたい」という要望を伝えます。

図23　「予材資産」を増やす「ラインコントロール」

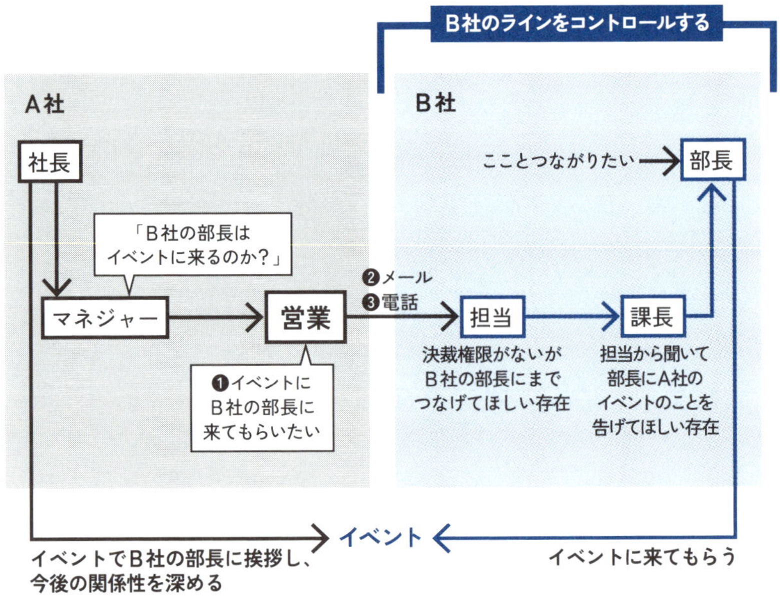

B社のラインをコントロールする

A社

社長

「B社の部長は
イベントに来るのか？」

マネジャー　→　営業

❶イベントに
B社の部長に
来てもらいたい

❷メール
❸電話

B社

こことつながりたい　→　部長

担当

決裁権限がないが
B社の部長にまで
つなげてほしい存在

課長

担当から聞いて
部長にA社の
イベントのことを
告げてほしい存在

イベント

イベントでB社の部長に挨拶し、
今後の関係性を深める

イベントに来てもらう

「しつこく連絡をすると相手に不快に思われるのではないか」とためらってはいけません。

「うちの課長がせわしくて、『B社の部長さん、どうんだ？』と私に何度も聞いてくるんです。大変申しわけないのですが、いかがですか？」

このように何度でも連絡を取って、イベントの情報を確実に部長に届けるように、B社のラインをコントロールするのです。
　現場（窓口担当者）を飛ばして最初から相手企業の決裁権限者に会うことはむずかしいことです。だとしたら、能動的にラインをコントロールして、こちらの意向を早く、正確に伝えていきます。そして、決裁権限者に「イエス」「ノー」の反応を確定することが大切なのです。

あるIT企業が行なった「ラインコントロール」の成功例

営業担当がわずか5人しかいない中堅のITベンダー（C社とします）が、大手企業（D社とします）を相手に水をまき、数千万円規模の案件（セキュリティーシステムの導入）をまとめたことがあります。
　彼らが用いた手法が、ラインコントロールでした。

まず、IT関連イベントにブースを出展することに決め、C社の営業パーソンがD社の決裁権限者（専務）をイベントに招待しました。
　イベントに来場したD社の専務に対し、最初に対応するのはC社の「受付担当」です。D社の専務が来られることを全スタッフがお待ちしていたことを受付担当は伝え、ブースの責任者へ連絡します。
　C社のブース責任者は「待っていました」とばかりにD社の専務を個別に対応し、ブースの中を丁寧に案内します。具体的な商談には持ち込まず、ご意見やご感想をアンケートに書いてもらうだけで、その場は売込みなどをしません。
　ただ、このアンケートをメールで受け取った営業パーソンは、イベン

ト当日にD社の担当者へ連絡しました。D社の専務へは、C社の社長からも電話連絡するという徹底したチームプレイを展開しました。

C社は、イベントの「受付担当」「ブース責任者」「営業パーソン」「社長」が相互に連携しながら、お客様に対しラインコントロールしていきました。

多くの大企業は縦割りの組織になっていることが多く、営業、イベントの受付、ブースの責任者はそれぞれ部署が異なったりして、相互に連携してお客様に対応することができません。線（ライン）ではなく、点（ポイント）でしかお客様と接点をつくらないため、組織ぐるみで関係を構築できません。中小企業には、中小企業ならではの戦い方があるのです。

きちんとラインコントロールすることで、予材ポテンシャルが大きな企業に対し正しく関係を構築し、予材コンバージョン率を上げていくこともできるのです。

「中期経営計画」に予材管理を役立てる

中期経営計画を実現するために、「戦略予材」を考える

　予材管理は、短期的、瞬発的に実績を上げる手法ではありません。予材資産を蓄え、中長期的に、安定的、継続的に事業目標を達成させるための手法です。「白地」「仕掛り」「見込み」は、「今期」の目標を達成するために積み上げるものですが、中期経営計画を達成させるために必要な予材を、戦略予材［→243ページ］と名づけています。

　3年後、5年後の「あるべき姿」を描き、中期経営計画を策定しても、「絵に描いた餅」にしてしまう企業がたくさんあります。
　経営計画を絵空事にしないためには、中期経営計画でも予材管理を使って、次のように経営課題を「予材」という独特の概念で、具体的に表現することを私たちは勧めています。

- 会社はどこに向かっているのか
- 目的地に到着するために何が必要なのか
- 改善しなければいけない課題は何か

　私が支援に入ったある会社の社長は、「現在70億円の会社を5年後に100億円にする」という中期経営計画を持っていました。
　5年後の目標が「100億円」ということは、予材は「2倍」の「200億円の予材を仕込む」ことになります。
　中期経営計画の立案は、5年後に必要な予材を起点にして考えます。「200億円」の予材を仕込むには、それまでに「どのような経営課題があ

るのか」を逆算して洗い出すことが重要です。

とくに中期経営計画の達成には、次の「3つ」の経営課題に対して、「今」から対策を講じておく必要があります。

① 人員・採用
② 新規事業
③ コア事業

• ① 人員・採用

「現在70億円の会社を5年後に100億円にする」には、200億円の予材が必要になるため、特殊な人員を早めに確保して対応すべきことも出てくるでしょう。

• 事業計画を遂行するために、どんな人材を、どのくらいの人数で採用するべきか
• どのような採用活動をするのか
• 社内の人材をどのように育成するのか
• 内部調達やアウトソーシングはどうするのか

こうした計画を立て、採用活動に取り組む必要があります。

たとえば、既存の事業を国内市場で展開するだけでは「予材」が積み上がらないとします。全体で200億円の予材ですから、大胆な発想をすべきです。そこで、海外マーケットで50億円の「戦略予材」を積み上げたとしましょう。すると当然、海外事業の責任者、海外に駐在して市場を開拓する社員の確保が必要です。現在の社員でまかなうことができればいいですが、そうでなければ早めに採用活動を進めなければなりません。

• ② 新規事業

市場ポテンシャルを踏まえ、現在の商材だけで「200億円の予材」を

仕込むことができるかを検討します。「自社で扱っている商材だけでは、200億円の予材を仕込むのは不可能」という仮説が立つのならば、「新規事業」や「新商品の開発」「商品構成の見直し」を行なわなければなりません。

目標とする戦略予材を増やすには、次の2つを中期経営計画に盛り込みます。

- **どのような新しい事業が必要なのか**
- **どのような新商品を扱う必要があるのか**

仮に「5年後に2つの新規事業を軌道に乗せて、合わせて40億円の戦略予材を積み上げる」とするならば、実際には、5年間で「2つ以上の新規事業」にチャレンジしなければなりません。

なぜなら、どんなに綿密に事業戦略を立てたとしても「新規事業が100％期待どおりのリターンを出す」とは限らないからです。これは私のみならず、いろいろな企業を再生させてきた経営コンサルタントやプロの経営者なら、誰もが口をそろえることでしょう。

したがって、「新規事業がうまくいったら中期経営計画が達成する」という発想ではなく、「新規事業の1つや2つうまくいかなくても、計画は達成させられる」というように考えねばなりません。

私なら、5年間で新規事業を「10」は立ち上げるでしょう。そして、そのすべてに真剣に取り組みます。「10」の新規事業のうち「2」つの事業が残ればいいと考えて行動していくのです。

また、新規事業を立ち上げるには、設備投資の計画も必要です。

たとえば、新工場を建設するのであれば、「5年後」から逆算して、「いつまでに竣工しなければいけないのか」「いつまでに建設地（土地）を探さなければいけないのか」を逆算して考えます。

中期経営計画をつくっても、「本当に事業がうまくいくのであれば設備投資も考える」「ある程度、軌道に乗ったら、そのような人材を確保した

い。それまではわが社の社員で何とかできないか」などと、事業責任者が「たられば」で話したら、本気度が低いということです。

新規事業を立ち上げるのはそれなりの覚悟が求められます。単に計画をつくっただけではわかりませんが、「戦略予材」を積み上げて、1つ1つの事業を吟味していくと、責任者の本気度がわかってきます。

- **③コア事業**

新規事業を立ち上げるとなると、これまで以上に「経済的コスト（開発費など）」がかかるため、コアの事業（既存事業）の予材を増やし、しっかりと利益を出しておかなければなりません。「予材管理」は余裕がなければできないのです。

したがって、コア事業が成長できるように、マーケティング戦略や営業活動を見直す必要があります。

「ヒト」「モノ」「カネ」を予材から逆算して数値化する

中期経営計画を立てるときは、「ヒト」「モノ」「カネ」という3つの経営資源を「戦略予材」から逆算して数値化します。

最初に考えるのは、「カネ」です。次の2点を明確にしていきます。

- **利益計画**……事業における「売上高」「利益」「費用」などをいくらに設定するのか。
- **資金計画**……新規事業、新規出店、人員補充など、何らかの資金が新たに発生する場合、その資金をどこから調達するのか。

次に、「モノ」について考えます。

「現在70億円の会社を5年後に100億円にする」という売上計画を立てたとき、仕込む予材は「200億円」です。200億円の予材を仕込むために、「コア事業」と「新規事業」の可能性をそれぞれ検討します。

- **コア事業**……どの商材で予材を積み上げるのか、どのマーケットを新しく開拓するのか。
- **新規事業**……コア事業だけで100億円の予材を仕込むことができない場合は、どのような新規事業を立ち上げるのか。

最後に、「ヒト」について考えます。

「ヒト」とは、人員計画のことです。「今、500人いて、5年後には700人に増やしたい」と考えるのなら、離職者がゼロと仮定して「5年間で200人」の人員を新規で採用しなければなりません。「毎年40人ずつ」増やしていく計算です。

仮に、昨年の採用実績が「10人」だとすると、「毎年40人ずつ」にするのはかなりハードルが高いため、採用計画を抜本的に見直さなければなりません。

直販だけでなく、代理店戦略をとっている場合でも、「代理店は同じでいいのか」「新しいパートナーを発掘したほうがいいのではないか」を考えて、「予材を5年で200億円にする」ための人員を検討していきます。

図24 「戦略予材」の考え方

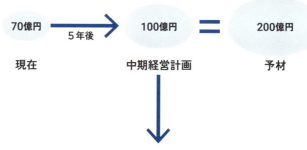

「200億円」の予材を仕込むために、
「どのような経営課題があるのか」を逆算して洗い出す

【 中期経営計画の達成に必要な3つの経営課題 】

①人員・採用
　・事業計画を遂行するために、どんな人材を、
　　どのくらいの人数で採用するべきか
　・どのような採用活動をするのか
　・社内の人材をどのように育成するのか
　・内部調達やアウトソーシングはどうするのか

②新規事業
　・どのような新しい事業が必要なのか
　・どのような新商品を扱う必要があるのか

③コア事業
　・マーケティング戦略や営業活動の見直し
　・「ヒト」「モノ」「カネ」を予材から逆算して数値化

中期経営計画には
現場の意見を反映させる

経営理念の3要素

　中期経営計画をつくることで、会社の理念や方針を全社員に浸透・共有させることができます。経営理念は、「3つ」の要素に分解することができます。

【経営理念の3要素】
①ミッション
……組織がはたすべき使命、存在意義。事業を通して、世の中にどのように貢献していくのかという組織のあり方を示す。

②ビジョン
……組織がめざすあるべき姿。「5年後に売上を50億円にする」「営業拠点を15拠点に増やす」「従業人を500人雇用する」といった具体的な数値目標を示す。

③バリュー
……組織が共有する価値観、行動規範。「顧客の立場に立って、サービスを提供します」「法令、ガイドラインを遵守します」「事故が発生した場合、誠実に対応したうえ、再発防止に努めます」など、行動する際の手本・模範・方式を示す。

　中期経営計画は、経営幹部だけでつくるのではなく、全社員を巻き込んでつくるのが理想です。

経営幹部だけで経営計画をつくると、「現場」の実態とかけ離れてしまい、ここでも「絵に描いた餅」になりかねません。

　社員が「会社の理念」を再認識し、組織一丸となるためには、現場の意見を中期経営計画に反映させることが必要です。

ビジネスドメインを明確にする

　ビジネスドメインとは「事業を展開する領域」のことで、単に「ドメイン」とも呼びます。

　中期経営計画を策定するときは、「わが社の本業は何か」「ドメインは何か」をあらためて再確認します。

　たとえば、自社が印刷会社で、「印刷物に限らず、ホームページやネット広告なども含め、お客様のビジネスを支援するための販売促進ツールを制作する」というドメインだとしたら、「戦略予材」を仕込むときも、「その領域」から外れないようにすべきです。

　事業ドメインから「戦略予材」を考えれば、「わが社は印刷会社だが、儲かりそうだから、焼肉店のフランチャイズに加盟する」という発想は出てこないはずです。結果的に、赤字企業が往々にしてやりがちな、企業理念に反する事業に手を出すといったリスクを避けることもできます。

中期経営計画をつくる最大の意義は「社長の頭」が整理されること

あるべき姿は、「自ら考える組織」になること

　先述したように予材管理は、予材資産を増やして、中長期的に業績を安定化させる経営手法です。決して、「今期」にだけ目を向けた経営手法ではありません。
　したがって、予材管理の定着を図るには、「将来的に会社をどうしたいのか」という中長期の経営計画が不可欠です。

　ですが、昨今「中期経営計画をつくりたがらない社長」が増えています。その理由として、「近年は外部環境の変化が著しいので、未来のことなんてわからないから」といった理由を挙げる社長が多くいます。
　しかし、未来のことがわからないのは、日ごろから未来のことを考えていないからだと、私は思っています。未来のマーケット動向を予測しながら「予材」を積み上げる意識があれば、「未来のことがわからないから、計画などつくっても意味がない」という発想にはならないでしょう。

　中期経営計画をつくる過程で、「今、従業員が何人いるのか」「従業員の年齢構成はどうなっているのか」「結婚、出産を控えている従業員は何人いて、育児休暇を取りそうな人は今後何人に増えるのか」といった、組織や内部環境に対する課題を再確認できる機会にもなります。
　それから、「どれだけの市場ポテンシャルがあるのか？」「自社と競合他社のシェアはどれくらいあるのか」といった外的環境を数字で把握することで、それぞれのプロセスにおいて「社長の頭」が整理されます。

私はこの、「社長の頭の整理」こそが、中期経営計画をつくる大きな意義だと考えています。

　中期経営計画をつくることで、「5年で売上を1.5倍にするためには、予材はどれだけ必要なのか」「従業員をどれだけ増やす必要があるのか」「予材資産を増やすには、どのようなプロダクトが必要なのか」「新しいプロダクトを扱う必要があるのか」といったことを、社長が「自分で考える」ようになります。

　そして計画づくりに多くの社員を巻き込むことによって、幹部から現場担当者まで、多くの社員が頭を働かせ、創意工夫するようになります。

　組織のあるべき姿とは、「考える組織」になることです。

　メンバー1人1人に考える習慣をつけ、主体的に行動するような「考える組織」になるために、まず社長が率先して主体的に考えるべきです。

　そして、可能であれば、経営幹部やマネジャーも「考える習慣」を身につけるべく、計画の立案に参画させることです。

「仕事が増えたら、人を増やす」のではなく 「仕事を増やすために、人を増やしておく」

「最小人数でフル稼働」する会社は、やがて疲弊する

　組織を運営するにあたり、業績不振に陥ると、経営者はコスト削減の一環として、余剰人員を減らすといった考えを持つことがあります。しかし、それによって現場から余裕がなくなれば、到底、予材を増やすことはできません。ギリギリの人員でまわしていると、現存戦力にかかる負担も大きくなるからです。

　アタックス・セールス・アソシエイツでは、採用方針の転換を進めており、積極的にコンサルタントを増員しています。
　かつては、「2～3年に1人」の採用ペースでしたが、現在は、「1年に2～3人」のペースです。
　以前の私は、人員の補強・増員には慎重でした。なぜなら、営業コンサルタントの仕事には、「波」があるからです。今が右肩上がりでも、いつ波が引いて、コンサル受注が減るかわかりません。
　ですから、「最小人数」でフル稼働する。常に全力で走り続ける。そして、新規案件の受注など、「今の人数では絶対にまわらない」ことがわかった場合に、人を補充していました。
「仕事が増えたら、人を増やす」、あるいは「人を増やすのなら、仕事量も増やす」と考えていたのです。
　ですが、「仕事を受注してから、人を採用する」やり方だと、コンサルタントはすぐには育たないので、どうしてもタイムラグが生じます。
　そこで現在は発想を変えて、次のように考えるようにしています。

・仕事がいつ来てもいいように、余剰人員を抱えて、備えておく
・人を増やして、余らせておいて、新規の仕事がきたときにはその人
　に任せる

　これは予材管理の、「先に予材を仕込んでおく」のと同じ発想です。「ま
だ確実に決まったわけではないけれど、受注の可能性があるかもしれな
い仕事」のために、あらかじめ人員を確保しておくわけです。

余剰人員がいても余剰設備があっても許される

　「目標を絶対に達成する」という覚悟があるのなら、「余剰人員」がいて
も、「余剰設備」があっても許されると私は考えています。
　むしろ、「余剰人員」や「余剰設備」がなければ、会社を成長させる
（中長期的に会社を成長させる）ことは不可能です。

　たとえば、製造業（メーカー）の場合、工場のフル稼働、フル操業が
続いていると、既存商品の増産や、新商品を開発する「余裕」がありま
せん。
　仮に、前期の売上が「40億円」で、今期の売上目標が「45億円」だと
します。工場で生産できる製品の量は、工場の稼働時間に比例して決ま
ります。現状の人員と設備で「45億円」の目標を達成するには、工場の
稼働率を引き上げることになるため、現場を疲弊させます。人員と設備
を「先行投資」して余力を蓄えておかなければ、「プラス5億円」の目標
を達成することはできません。

　私どもが支援をしている飲料メーカー（E社とします）の社長から、
「売上目標を下方修正したい」という相談を受けたことがあります。
　昨年の実績は「27億円」で、今期の目標は「30億円」です。ですが、
1月から3月までの実績が昨年対比割れしているので、「このままいくと
30億円どころか前年割れする可能性がある。目標を28億円に下方修正し、

28億円をなんとか達成させるために、死にもの狂いでやります」という
のです。

今期の目標を下方修正するのがよいことかどうかという話もあります
が、それ以上に社長が焦点を合わせるべきことはもっと先のことです。

E社の中長期の目標は、「5年後に50億円」「10年後に75億円」です。
ということは、社長が考えなければならいのは、「5年後、50億円の売
上を達成するための足がかり」をつくることです。「今期の目標をどうす
るか」と、近視眼的な業績について頭を使うのは現場をまとめるマネジ
ャーがすることで、社長が意識することではありません。

今期28億円の実績となったからといって、5年後の50億円、10年後の
100億円を下方修正することはありません。将来の業績は今期の実績の
延長線上にあるわけではなく、「戦略予材」から逆算して「種まき」「水
まき」した行動の延長線上にあるからです。

長期的な視点で資産運用をしている方ならご理解いただけるでしょう。
現在保有している資産価値（株や不動産など）がたとえ下がったとして
も、5年後、10年後がどうなるかはわかりません。

そのときの時価に一喜一憂せず、淡々とやるべきことをやるのです。予
材管理でいえば、質の高い予材資産を蓄え、お客様目線で定期的にメン
テナンスしておけば、短期的な実績に動揺することはないでしょう。

ですからE社の社長から、「こんな調子じゃあ、将来のために人を増や
そうと思っていたのですが、採用計画は見直したほうがいいですよね」
といわれても、私はそれを聞き入れませんでした。

資金繰りが苦しかったり、赤字続きだったりではいけませんが、E社
はそんな不健全な企業ではありませんでした。

直近の業績に左右されるべきではありません。人材や設備の投資計画
は、「戦略予材」から判断して淡々とやっていくのです。

113

余剰人員や余剰設備を拒むのは、「本気ではない」から

　E社は、予材を増やすために「海外マーケット」、とくに東南アジアに目を向けています。シンガポールを起点にして、マレーシア、タイ、ベトナムへと販路を拡大し、予材を増やしていくのが狙いです。海外進出の成否によって、目標が達成するかが決まるため、E社にとって重要なプロジェクトです。

　ところが調査してみると、実際は、「4か月に一度、営業マネジャー1人を現地に派遣している」だけでした。東南アジアのマーケットを「本気で」開拓、開墾するのであれば、海外専任の社員を少なくとも3人は置くべきと社長も認識しているのに、それができていないのです。

　海外展開が本格化してから専任担当者を雇用するのでは、間に合いません。予材を積み上げるためには、あらかじめ、余剰人員や余剰設備（＝余裕）を持っておく必要があります。目先の収益を優先し、余剰人員や余剰設備を持つことを拒むとしたら、それは経営計画に対して「本気ではない」からです。

　経営者の本気度が低いと、社員がついていきません。本気度は、投下するコストによって指し示すことができるため、お金のみならず、時間をかけ、汗を流して「どんな戦略予材が必要か」「そのためにはどんな人材、設備、拠点、ビジネスパートナーをいつまでに用意しなければならないか」をしっかり考え、周囲を説得していくことです。

　余剰人員というと聞こえは悪いかもしれませんが、余剰人員は、予材を増やし、新しい仕事を創出し、「事業目標を達成する」ための「予備戦力」にほかなりません。だからこそ、予材管理には「余裕」が必要なのです。

予材を増やすためのコストは、「自分の手」でつくるしかない

第3章 「予材の埋蔵場所」を正しく特定する方法

　雇用にも設備投資にも、経済的コストがかかります。では、「経済的コストをかけるだけの余裕がない」場合は、どうしたらいいでしょう？どうすれば初期コストを生み出すことができるのでしょうか？

　答えは明快です。「一所懸命、汗をかく」ことです。短期間で、ラクをして、スマートに収益を上げる飛び道具も、玉手箱も、現実のビジネスには存在しません。

　予材を増やすためのコストは「自らの手」でつくる。余剰人員、余剰設備を備えておくだけの経済的コストがないのなら、「愚直に、泥臭く、粘り強く」手を動かし、足を動かすしかないのです。

人事評価制度を予材管理と連動させる

人事評価の指標に「予材開発力」を加える

　営業・マーケティング活動には、「①種まき → ②水まき → ③収穫 → ④拡張」という、4つのセリングプロセスがあることはすでに説明してきました。

　一般的に考えられている「営業」の仕事は、セリングプロセスの「③収穫」にフォーカスされるので、「目先の商談をクロージングして、成約させる」ことが評価される傾向にあります。「受注件数」あるいは「受注額」によって評価が決まるのが一般的です。

　しかし、営業・マーケティング活動の基本は、「種まき」と「水まき」です。「お客様からの引き合いを待って、声がかかったら商談活動に入る」のが営業ではありません。

　単純接触を繰り返して、予材ポテンシャルのあるお客様とラポールを築き、質の高い予材資産を積み重ねることが、営業の本分です。

　「イチゴを収穫した人」よりも、「土を耕し、いい土壌をつくり、苗（種）を植え、水をやり、おいしいイチゴを育てた人」のほうが評価される組織をつくるべきなのです。

　予材管理で重要なのは、「予材資産を増やす」こと。したがって、受注件数や受注額だけでなく、**予材開発力[→243ページ]**が高い営業やマーケティング担当が評価される組織であってほしいと私は常々思っています。

　「予材開発力」とは、言い換えると、「貢献白地率の高さ（白地が実際に実績につながった確率）」です。

「貢献白地率」は、「年間の白地の総額」と「白地の中から、実際に受注に移行した額」によって算出します。

予材が埋蔵されている会社を見つけ、能動的に種をまいて、水をやり続け、単純接触を繰り返しながら、お客様と信頼関係を勝ち取って、受注につながったとしたら、受注した「数」ではなく、「受注額」を計算します。

仮に年間の白地の額が「8000万円」で、その中から受注につながった白地が「400万円」あったとしたら、「貢献白地率」は「5％」です。

お客様からの引き合いを待っている営業パーソンは、「予材管理シート」（193ジ参照）にどれほど「白地」が書いてあっても、絵に描いた餅になっている場合がほとんどで、貢献白地率は、限りなくゼロに近くなります。

「目標を達成したが、貢献白地率がゼロ」の営業パーソン（予材開発率が低い営業パーソン）と、「目標達成には届かなかったが、貢献白地率が5％」の営業パーソン（予材開発力が高い営業パーソン）がいたとします。

目標達成率で評価をするなら、前者の営業パーソンが評価されます。

仮に事業目標「1億円」に対し、「1億500万円」の実績だったとします。棚ぼたであろうが、偶然だろうが、「目標を達成した人」は評価されるべきだと私も思います。予材管理は「最低でも目標達成させる」ための手法ですから、単年度の目標を達成した人は、正しく評価すべきです。

ですが、「単年度の実績」だけで評価すると、「公平性を欠く」ことになりかねません。「実績」や「結果」という評価軸には、営業パーソンの行動プロセスが含まれていないからです。

予材管理の活動から評価につなげるのであれば、「種まき」と「水まき」を効果的に行なった後者の営業パーソンも評価すべきだと私は考えています。

なぜなら、貢献白地率が高い営業パーソンは、「既存のお客様を大事にしながらも、予材ポテンシャルのある新しいお客様と関係を構築し、予

材を開発し続けていく力」があるからです。こういった新しいお客様が、未来の大きな予材資産をもたらしてくれる可能性があるわけで、このむずかしさを正しく知ったうえで公正に評価すべきです。そうでなければ、未来のために新しい予材を開発しようという人がいなくなることでしょう。

　予材管理を導入するのであれば、「目標達成には届かなかったが、貢献白地率が高い人」を評価するための評価基準を整える必要があります。

評価基準に関する2つのポリシー

　私は、人事評価に関して、次の2つのポリシーを持っています。

①真面目にコツコツやっている人が報われる評価制度であること
②チャンスは平等に与え、評価は公正にすること

　売上実績や目標達成率という「結果」だけで人事評価をしようとすると、「お客様やエリアに恵まれていない」「市場ポテンシャルに比べて、目標が高すぎる」などの理由で、十分な結果が出ないことがあります。
　表面的な数字（結果）だけでなく、「予材開発力」を見える化することが大切です。
　将来を安定的な利益を生むのは、「種まき」と「水まき」を愚直に、継続的に行なえる人です。足元の結果ばかりに目を奪われている人しか評価されないと、近視眼的な発想の人が増え、組織の空気（場の空気）が悪くなります。

「予材管理コンピテンシー」を評価基準に導入する

　私たちがコンサルティングをする際、予材管理コンピテンシー［→243ページ］という指標を用いて人事評価のアドバイスをすることがあります。
　120ページの表は予材管理コンピテンシーをまとめた評価基準表です。こ

118

の「コンピテンシー」というのは、「優秀な成績を出している人の行動特性」のことです。

「予材管理コンピテンシー（評価基準表）」では、行動プロセス・能力・価値観の３つの視点から、各役職・グレードに求められるレベルを項目別に細分化し、設定しています。

そして、コンピテンシー（予材管理の思想に沿った行動基準）と照らし合わせて、自分、もしくは部下の評価を行なっていきます。

「予材管理コンピテンシー（評価基準表）」の見方のポイント

120ジの下段を見てください。たとえば、「価値観」の視点の中に、「経営理念を理解しているか」というチェック項目があった場合、「Ｓ１クラス（新入社員）」の社員は、理解をしているだけでも評価されますが、「Ｓ２クラス（一般社員クラス）」に対しては、理解をしているのは当然で、理念に沿った行動ができているかを評価します。さらに、「Ｓ３クラス（中堅社員）」になると、経営理念について、具体的な事例を挙げながら説明できるかどうかを評価します。

上段の「行動プロセス」であれば、次のようなことも定量的に評価をしていきます。

- ＫＰＩカウントシートに表記されたアプローチ先に、指定条件どおりにアプローチしているか（決められた間隔で、決められた回数接触し続けているか）
- 予材配線図から抽出されたＫＧＩ（Key Goal Indicator）に焦点を合わせて行動しているか

図25 予材管理コンピテンシー（評価基準表）の事例

【ABC株式会社　予材管理コンピテンシー評価基準】

		役職	一般職		
		グレード	S1	S2	S3
行動プロセス	予材資産プロセス	アクションプランの取組（KPI）	・「KPIカウントシート」に表記されたアプローチ先に指定条件通りに行動し完遂している。		
		アクションプランの取組（KGI）	・「予材配線図」から抽出されたKGIにしたがって行動している。		
		単年度の目標達成に向けた予材管理の取組	・「予材管理表」を正しいタイミングで更新している。		
		顧客管理／営業管理	・顧客や商談の情報を適時入力／更新している。		
		労働時間短縮の改善行動	・常に所定の労働時間内で業務を完遂できるよう創意工夫している。		
		報告・連絡・相談（組織内コミュニケーション）	・上司から指摘される以前に、先回りして報告・連絡・相談している。	・上司から指摘される以前に、先回りして報告・連絡・相談している。 ・問題を論理的に特定し、仮説をもって上司に相談している。	・上司から指摘される以前に、先回りして報告・連絡・相談している。 ・仕組みやフレームワークにより問題を論理的に特定し、仮説をもって上司に相談している。
能力	予材管理スキル	予材配線図	・「予材配線図」を理解できる。		・他者に「予材配線図」の描き方を指導できる。 ・予材資産の積上げや、予材コンバージョン率アップに関連深いKGIを抽出できる。
		予材管理表	・個人の売上目標達成に向けた「予材管理表」を作成できる。	・目標達成のための「予材管理表」活用法を理解している。 ・個人の売上目標達成に向けた「予材管理表」を作成できる。 ・「予材ポテンシャル分析」にしたがって「予材管理表」のメンテナンスができる。	
		KPIカウントシート／スケジュール管理	・アプローチ先の現地で、条件式どおりに予材のポテンシャルを計測できる。 ・「KPIカウントシート」に沿って週次／月次計画を作成できる。	・アプローチ先の現地で、条件式どおりに予材のポテンシャルを計測でき、適時条件式をメンテナンスできる。 ・「KPIカウントシート」に沿って週次／月次計画を作成できる。 ・想定外のことが起きても、目先の商談より、予材資産積上げを優先させた行動計画の見直しができる。	
		予材ポテンシャル分析	・「予材ポテンシャル分析」を理解できる。	・「予材ポテンシャル分析」にしたがって「予材管理表」のメンテナンスができる。	
		市場ポテンシャルと予算配分	・市場ポテンシャルと予算配分を理解できる。		
		製品知識	・担当している製品知識について顧客はじめ外部関係者に正しく説明できる。 ・常に最新の情報をキャッチアップしている。	・担当している製品知識のみならず、全社で取り扱っている製品知識、魅力について、顧客はじめ外部関係者に正しく説明できる。	・担当している製品知識のみならず、全社で取り扱っている製品知識、魅力について、顧客はじめ外部関係者に正しく説明できる。 ・より専門の社内担当者を紹介できる。
		顧客／業界の知識	・常に新聞や業界誌、ネットなどにアンテナを張り、顧客や業界に関する情報を収集できる。	・常に新聞や業界誌、ネットなどにアンテナを張り、顧客や業界に関する情報を収集できる。 ・最新の競合他社の動き、業界の動向に関して顧客はじめ外部担当者に情報提供できる。	
		コミュニケーション	・製品や会社のアピールをよどみなくスムーズに伝えることができる。	・顧客のニーズを正しく引き出し、正しい提案ができる。	
		部下育成／リーダーシップ	―		
		必要知識・技術・資格	【別途資料参照】		
		中期経営計画の理解	・中期経営計画を理解している		
		経営／財務の知識・理解	・経営、財務的な視点で、目標予算の妥当性を理解できる。		
価値観		経営理念・ビジョンの理解	・経営理念を理解している	・経営理念を理解し、理念に沿った行動をしている。	・他者に経営理念を具体的な事例を挙げながら説明することができる。
		達成意欲	・目標達成に向けて意欲的である。	・目標達成に向けて周囲を巻き込む力がある。	
		チャレンジ精神	・新しいこと、不慣れなことでも自らチャレンジしている。		・実力よりも高いレベルの業務に自らチャレンジしている。

例）「経営理念を理解しているか」、職位に分けて具体的に評価していく

第3章 「予材の埋蔵場所」を正しく特定する方法

定量的に評価していくことで、「将来の予材」のために行動できる人材が育つ

主任	課長	部長
L1	L2	M1
・部下に「KPIカウントシート」にしたがった行動を完遂させている。		・部門全体が「KPIカウントシート」を完遂している。
・予材資産の積上げや、予材コンバージョン率アップに関連深いKGIを抽出できる。 ・KGIにしたがって部下の行動を指導している。		
・「予材管理表」を正しいタイミングで更新している。	・部下と「予材管理表」を見ながら定期的に面談し、指導している。	・部門全体の「予材管理表」を見ながら適時面談し、指導している。
・部下に顧客や商談の情報を適時入力／更新させている。 ・入力された情報に対して適時フィードバックしている。		
・部下が常に所定の労働時間内で業務を完遂できるよう、役割や作業負荷などを適正に配分している。		
・部下が報告・連絡・相談しやすい雰囲気づくりができる。 ・仕組みやフレームワークにより問題を論理的に特定し、仮説をもって上司に相談している。	・部下が報告・連絡・相談しやすい雰囲気づくりをしている。 ・報告・連絡・相談が自然と出るように、正しい目標と期限を設定して守らせている。	
・他者に「行動配線図」の意味合いを解説できる。 ・予材資産の積上げや、予材コンバージョン率アップに関連深いKGIを抽出できる。	・部内全員が同じ「行動配線図」を頭に描けるよう指導している。 ・予材資産の積上げや、予材コンバージョン率アップに関連深いKGIを抽出できる。 ・KGIにしたがって部下の行動を指導している。	
・目標達成のための「予材管理表」活用法を理解している。 ・部下の「予材管理表」作成の支援ができる。	・部内の「予材管理表」が正しく作成／更新されているかを評価し、作成支援できる。	・部内の「予材管理表」が正しく作成／更新されているかを評価し、作成支援できる。（利益目標達成という視点で）
・アプローチ先の現地で、条件式どおりに予材のポテンシャルを計測でき、適時条件式をメンテナンスできる。 ・部下に「KPIカウントシート」に沿った週次／月次計画を作成させることができる。 ・想定外のことが起きても、目先の商談より、予材資産積上げを優先させた行動計画の見直しをさせられるよう部下に指導できる。		
・正しい手順（ターゲットイメージ、条件式1／2）を理解したうえで「予材ポテンシャル分析」ができる。	・プロダクトと顧客／チャネルの軸で、正しい「予材ポテンシャル分析」ができる。	・プロダクトと顧客／チャネルの軸で、正しい「予材ポテンシャル分析」ができる。（利益目標達成という視点で）
	・市場ポテンシャルと予材ポテンシャルを照らし合わせて予算計画（売上）、人的リソース等の配分、組織体制の最適化ができる。	・市場ポテンシャルと予材ポテンシャルを照らし合わせて予算計画（利益）、人的リソース等の配分、組織体制の最適化ができる。
・担当している製品知識のみならず、全社で取り扱っている製品知識、魅力について、顧客はじめ外部関係者に正しく説明できる。 ・より専門の社内担当者を紹介できる。	・全社で取り扱っている製品知識、魅力について、顧客はじめ外部関係者に正しく説明できる。 ・部下に指導できる。	
・常に新聞や業界誌、ネットなどにアンテナを張り、顧客や業界に関する情報を収集できる。 ・最新の競合他社の動向や、業界の動向に関して顧客はじめ外部担当者に情報提供できる。 ・部内に適時情報発信できる。		
・顧客ニーズの引き出し方、当社製品のアピールの仕方などを指導できる。		
・目標達成プロセスにおいて部下は成長するという考え方から、目標達成のための行動をやり切り、達成させるための創意工夫する「習慣」を身につけられるよう指導できる。		・等級、役職ごとのキャリアパスに沿った部下育成プランを作成し、指導できる。
【別途資料参照】		
・中期経営計画を理解し、計画に沿った単年度の売上目標の設定及び行動計画を策定できる。		・中期経営計画から逆算して「戦略予材管理表」を作成できる。
・経営、財務的な視点で、目標予算の妥当性を説明できる。	・売上予算の算出と、組織リソースに沿った適正配分ができる	・利益予算算出と、組織リソースに沿った適正配分ができる
・他者に経営理念を具体的な事例を挙げながら説明することができ、かつ部下に指導できる	・他者に経営理念を具体的な事例を挙げながら説明することができ、かつ部下に指導できる	・部門全体に経営理念を具体的な事例を挙げながら説明することができ、かつ部下に指導できる
・部内に目標を達成するという雰囲気を醸成している。		・目標達成に強い責任をもって臨んでいる。
・多少のリスクがあっても、新しいこと、不慣れなことでもチャレンジしようとする雰囲気を醸成している。		

「行動プロセス」「能力」「価値観」の3つの視点から、各役職・グレードに求められるレベルを項目別に細分化

121

「将来の予材」のために行動できる人を評価する

　予材管理は、中長期的な視点に基づく経営手法なので、短期的な目標を達成すればいいというわけではありません。

　大事なのは、「将来のための予材をどれだけ開発し保持し続けるか」ということです。

「いつ花が咲くかわからない。もしかしたら咲かないかもしれない」けれど、ポテンシャルの高いお客様を見つけて、種をまき、水をまき続け、一歩ずつ着実に信頼関係を構築していくことによって、継続的な成長が見込めるようになるのです。

「今期の数字」だけを追うのではなく、「将来の予材」のために行動できる人を評価してほしいと切に思います。

予材管理導入事例インタビュー

予材管理導入事例インタビュー ③

株式会社ベンカン

- 事業内容：管工機材製品の開発・製造・販売
- 組織規模：300〜1000人
- 対象：マネジャー
- 起こっていた問題点：①効率が悪い
  ②モチベーションが上がらない

……これまではどのような問題が起こっていましたか？

「営業組織への正しい分析ができていませんでした。具体的には、目標を『なぜ達成できたのか？』、もしくは『なぜ達成できなかったのか？』というその根拠がわかりませんでした。

また、会社の名前や個人のパフォーマンスに頼っている側面が大きかったのです。

部下がいう『達成できない理由』をマネジャーが聞き入れてしまう場面もありました。たとえば、『お客さんの景気が悪いので……』と部下がいえば、マネジャーはそのまま応じてしまっていたのです」

……予材管理を行なってみていかがでしたか？

「予材管理をはじめた当初は、当然ながら苦労はありました。200％の予材を積むのがきつく『なぜ200％なの？』という声や、『どうして予材管理をやらなければならないのか？』という意見も出ました」

……社内で反発の声も上がった中、意識が変わったきっかけは何ですか？

「やはり成果が出たことです。成果が出る人や結果を出すチームがあらわれると、それまでは後ろ向きだった人も『予材管理は使えるノウハウかもしれない』『予材管理で結果が出るのならやってみようか』というムードになっていきました。

火つけ役となってくれたのは、若手社員です。それまでの経験が決し

123

て豊富でなかった分、受け入れやすかったようです」

……予材管理を活用した結果、どのような成果が生まれたのですか？

「まず社員のモチベーションが上がりました。当社はビジネスモデル上、
１案件におけるプロセスの期間が長くかかります。種まきから刈り取り
までが５年から10年、短くても２、３年です。

　ということは、種をまいたのは自分でも、刈り取るのは自分以外の人
になるケースもあります。

　それまでは売上の数字のみでの評価となっており、『自分ががんばって
も、他の人の数字になってしまうかもしれないし……』という思考を持
つ社員もいました。

　そんな中、予材管理というマネジメント手法を通じて、『結果にはまだ
つながっていなくても、予材の状態・予材をどれくらい積み上げたか』
で評価するようにしました。

　すると、社員としては自分のがんばりが可視化されるので、モチベー
ションが上がったようです」

……思いがけない好影響などはありましたか？

「社外からの評価が上がりました。当社の商品を取り扱う問屋さんが評
価してくれるようになったのです。『予材管理を使って、現在抱える案件
のみならず、未来に発生するかもしれない案件も含めてキッチリ管理し
ている。そんな会社は信頼できる』と思ってもらえたのです。問屋さん
に対し、私が予材管理の勉強会を実施したこともあります」

……予材管理を導入してよかった点を教えてください

「行動の成果の結びつきや相関関係がシンプルにわかるようになった点
がよかったですね。

　また、予材が積めていれば目標は達成できる可能性が高まりますが、予
材が積めていなければ、目標未達成のリスクが跳ね上がります。

　予材管理シートを見ながら、上司と部下とがそういった話をするよう

になると、営業担当者は言い訳ができません。そうすると『予材が積めていないのなら、どうやったら予材を積めるのか？』と考えるようになります。そんな考える習慣がついたことも、成果の１つといえます。

　それから、目標を高くすることに抵抗がなくなりました。『50億円をめざそう！』と声をかけて返ってくる答えは、「イヤイヤ、50億円どころじゃありません。100億円をめざしましょうよ！」という。

　以前はこういった話をすると、『また目標が上がる………』と後ろ向きの人も多かったのですが、『まずは受け入れよう』『その後、どうすれば達成できるか考えてみよう』と考える文化ができました」

Point

- 達成、未達成の根拠がわからなかったが、行動の成果の結びつきと相関関係がシンプルにわかるようになった。
- 若手社員が火つけ役になり、予材管理が成果・結果につながることが社内に浸透した。
- 「結果にはまだつながっていなくても、予材の状態、予材をどれくらい積み上げたか」で評価するようになり、社員のモチベーションがアップした。
- 社外からも案件の管理方法が「信頼できる」と評価されるようになった。
- 自ら「考える習慣」がつき、高い目標の設定もスムーズになった。

第4章

予材管理を成功させる
「マーケティング」の
新常識

強い「マーケティングセクション」が組織全体をマネジメントする

「マーケティング・リーダーシップ・マネジメント」という考え方

　この章では、予材資産を効果的に増やしていくために、いかに市場マーケティングを行なっていくべきかについて説明していきます。

　私は以前から、組織のめざすべきモデルとして「マーケティング・リーダーシップ・マネジメント（略して ＭＬＭ[→243ページ]）」という構想を抱いています。

　これは、「マーケティング戦略をつかさどるセクションが、強いリーダーシップを発揮して、全体マネジメントを指揮する」という組織形態をあらわすものです。

　前述したように、「予材ポテンシャル分析」のリスト化と分析作業を、「営業本人ではなく、マーケティング部門が行なう」のも、「ＭＬＭ」の一環です。

　私は、経営マネジメント全体を考えた場合、「マーケティング」と「営業」を独立したセクションとして設置し、それぞれの部署が次のようにやるべきことを明確にし、そこに専念すべきだと考えています。

- マーケティング……戦略の策定
- 営業……戦術の考案と実施

　「ＭＬＭ」で特徴的なのは、営業セクションの位置づけです。

　従来型のマネジメントでは、営業部は、「ホワイトカラー（頭脳労働者）」に属していましたが、ＭＬＭ理論の下では、「メタルカラー（創造

的技術者）」、もしくは、「ブルーカラー（肉体労働者）」に位置づけます。

営業にすべての責任を負わせない

「マーケティング（どのお客様に対して、どの商品を、いくらで、どのように、売っていくか）の策定」を営業セクションと切り離す理由として、現場の営業パーソンの、目標達成に対する「責任負担（売上に貢献するための営業活動）」と「創造負担（マーケティングの策定）」があまりに大きいことが挙げられます。

　現場の営業パーソンの役割は、経営者がつくった事業目標を達成することです。

　それなのに、営業活動以外（資料づくりや会議など）に時間を割かれ、本来の目的（戦術・営業活動の実施）に注力できない営業も多いことでしょう。これは、1人1人が、パソコンやスマートフォンなど電子端末を持ち、すべてが常時ネットワークに接続する時代に突入してから、より顕著となりました。

　そこで、これまでは「営業セクション」が担っていた「責任」と「創造」の大半をマーケティングセクションに移管するのが「MLM」の目的です。そうすれば、営業セクションは「戦術」にのみフォーカスすることができます。

「責任」と「創造」のすべてを背負い込むことなく、チームの一部として決められたことを実施することで、営業は、個人スキルの向上や「お客様との関係性（ラポール）構築」に全力を傾けることができるはずです。

　営業は「現場で仕事をする人」に徹するのです。たとえるなら、営業は小売業における「店舗の販売員」です。営業が小売店の販売員ととらえれば、キーボード付のパソコンが必要になることもありません。メールチェックや会議資料の作成などを、自分の都合のよい時間で行なうこ

ともなくなります。

小売業の世界では、仕入れ、流通、販売までのコントロールを本部が担い、全体を指揮しています。

高度な情報システムが店舗と本部をつなぎ、「どこで、何が、誰に対して、どれくらいの数、売れているのか」をリアルタイムに掌握し、販売計画とのギャップを埋めるために戦略を素早く見直し、現場に伝達します。

この発想と同じです。小売業のような役割分担を、営業現場において実践する、それが「MLM」です。

販売戦略や行動戦略を策定するのは、マーケティングセクションです。

したがって営業パーソンは、「どのお客様に対して、どの商品を、いくらで、どのように、売っていくか」を自問自答しなくてもよくなります。

各セクションの一体化を図る

営業企画部、マーケティング部、販売企画部、営業推進センターなど、間接的に営業をサポートする部隊をすでに有している企業もあります。

しかし、残念ながら、営業をきちんとサポートできている部署はそう多くありません。各セクションがバラバラに動いて、噛み合っていないのが現状です。「予材が増えているのか」「予材が効率よく回転しているかどうか」を見れば、営業サポートがなされているかどうかは一目瞭然なのです。

本来は営業を支援する役割がありながら、経営陣と現場の営業パーソンとの間に入り込んで、不要な資料をたくさんつくったり、意味のない会議を繰り返したりして、サッカーでいえば無駄な「パスまわし」に明け暮れているセクションもあります。「営業サポート」という本来の役割が忘れられているのです。

しかし、「MLM」を実践することで、セクション同士を技術的にも心情的にも結合することが可能です。

第4章 予材管理を成功させる「マーケティング」の新常識

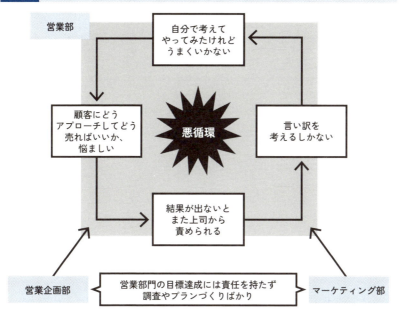

図26 営業パーソンばかりに責任が背負わされている

「結合する」といっても、「組織一丸」といった精神論的なスローガンではなく、マーケティング手法やITを駆使して、ドラスティックに、そして自動的に、売れる組織へ変えることができるのです。

会社組織を「経営」「マーケティング」「営業」の3つに分ける

各セクションを連携させ、「塊」のように強い組織をつくる

「MLM」では、会社組織を「経営セクション」「マーケティングセクション」の3つに分けます。

● 経営セクション
……経営計画を策定する。

● マーケティングセクション
……戦略と行動計画を策定。現場の状況変化をリアルタイムに受け取り、行動計画を随時メンテナンスする。

● 営業セクション
……策定された行動計画どおりに日々活動し、お客様に適した戦術を選択して成果を出す。

　私は、「MLM」こそ、営業・マーケティングマネジメントのあるべき姿だと考えています。
　3つのセクション（経営セクション、マーケティングセクション、営業セクション）がそれぞれの役割・任務を遂行することで、組織全体が1つの塊となって力を発揮することが可能になるからです。

営業が陥りやすい「行動の無駄」を防ぐ

マーケティングセクションは、営業パーソン個々の行動計画まで策定します。

こうすることで、「営業パーソン同士が、重複しているエリアを担当してしまう」「自分が行きやすいところだけ訪問する」「取り扱った経験が少ない商品は紹介をしない」といったケースも避けられます。

「MLM」では、計画どおりに進捗が進まなければ、経営陣から責任を追及されるのは、マーケティングセクションです。

したがって、営業パーソンが営業マネジャーから、「目標をまったく達成していないじゃないか。どうするつもりだ。もっと頭を使え！」というように怒鳴られることはなくなります。

予材を増やすための戦略は、基本的にすべてマーケティングセクションが考えるため、相手が「白地」なのか「仕掛り」なのかの状況を踏まえ、営業はマーケティングセクションからアドバイスされます。これは野球やサッカーでも同じです。現場でどう戦うかは、個人のコミュニケーション力、引き出しの多さ、臨機応変に対応するスキルに依存します。そのため、戦略はマーケティングセクションが担い、戦術面は個人がカバーします。

そのため、営業は純粋に自らの「コミュニケーションスキル」を特化することだけに注力していけばいいことになります。

「MLM」を採用した場合の改善ステップ

企業が「MLM」を採用することで、業務が改善していくステップは、次の「4つ」の流れで進みます。

①経営者が「MLM」の採用を宣言する

経営セクションが、「MLM」を採用すると強く宣言し、マーケティン

グセクション主導でマネジメントコントロールを実施させる。

②マーケティングセクションが営業の行動計画を策定する

　現状のリソースポテンシャル、そして市場のポテンシャルを継続的に調査し、それにともなう予材を積み上げ、営業パーソンの行動計画と配分およびメンテナンスをする。

③営業セクションの意識改革

　営業セクションの過度な「自主性」を禁じ、マーケティングセクションが打ち立てた戦略、計画に委ねるよう意識改革する。

④情報システムの構築

　経営セクション → マーケティングセクション → 営業セクションをつなぐ情報システムを構築する。

　営業セクションは、モバイル用の電子デバイスを保持し、地図データと連携したナビゲーションシステムを活用する。

営業は、マーケティングセクションのオーダーどおりに動く

　衣服、生活雑貨、食品など幅広い品揃えからなる「無印良品」は、「MUJIGRAM（ムジグラム）」と呼ばれる店舗運用マニュアルによって業務の標準化を実現しています。

　「どこのお店に入っても、お客様に同じ印象を与える」ことができるのは、売り場のディスプレイから接客、発注まで、店舗運営に関するすべてを細かく、具体的に仕組み化しているからです。

　「MLM」の思想は、「無印良品」のオペレーションに似ています。「人に仕事がつく」状態は、営業パーソンの才能、資質、センス、経験、モチベーションによって、売上が左右されるため、思うように実績が上がらないことがあります。しかし、「MLM」を実装すれば、属人的な営業

図27 組織ぐるみ（塊）で営業を支援する「MLM」

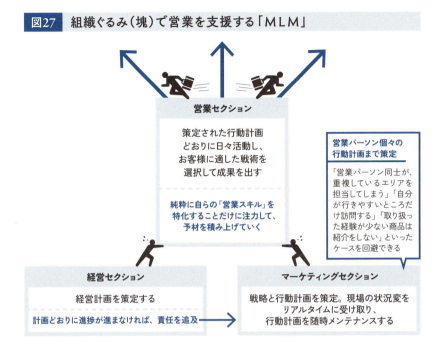

スタイルから脱却することが可能です。

「MLM」では、マーケティングセクションが営業セクションの行動スケジュールを策定しますが、営業が繰り出すトークや持参するパンフレット、チラシについても、マーケティングセクションがひな型を用意し、お客様の状況を踏まえて内容を変えていきます。

つまり営業は、「マーケティングセクションのオーダーどおりに動く」ことが求められるのです。

「オーダーどおりに動く」といっても、「営業パーソンの創造性が奪われる」ことも、「自主的行動が制限されて逆効果になる」こともありません。「相手によってどのように話し方を変えればいいのか」「相手との信頼関係をつくるにはどのような接し方をすればいいのか」「短い接触時間の中で、どんな話題を出せばいいのか」といったコミュニケーションの「戦術面」では、営業パーソンの個人力、創造性が問われるからです。

口ばかりの「評論家」を生む原因は組織間の連携がないから

セクション間の連携が弱いと、当事者意識を持てない

　私は、「最低でも目標達成」を実現するために、現場に入って大胆な組織改革案を提案することがあります。

　すると、どの企業にも「それはできない」と反対する人があらわれます。その際に困るのは、「評論家気取り」の人です。新しいアイデアに対する評論・コメントは出すのに、代替案を示しません。そして、こんなふうに批判するのです。

「もう少し、効率的なやり方だったらいいでしょうけど……」
「そういう方法は、みんな苦手なんじゃないですかね？」
「みんな納得しますかね。少なくとも私は腹落ちしませんが……」

　けれど、「では、どうすれば目標達成するのか」「ほかにどのような改善策があるのか」という前向きな意見は出しません。彼らは現状維持バイアス（現状を現状のままにしたいという心理欲求）によって、自分自身や周囲の環境が変化することに抵抗しているのです。

　こうした評論家タイプの人は、相手がいっていることの「感想」を述べているだけで、すべて「他人事」だと受け止めています。

　このように当事者意識が持てない人の声が大きいと、部署間、セクション間の連携が弱くなっていきます。

　企業には、社長室、経営企画室、営業企画部、業務推進センター、イノベーション推進室、商品開発部、マーケティング戦略部など、さまざ

図28 「MLM」で情報システムを構築して各部門を連携させる

各部門は組織図においては連携して見えるが
実態は、「歯車が噛み合っていない」ことが多い

すべての歯車が「予材を増やす」ために動き出す!

まな部門（間接部門）が存在しています。

各部門は組織図においては連携して見えますが、実態は「歯車が噛み合っていない」ことが多いのが私の印象です。

無責任体質や評論家意識を生むのは、部門間連携の悪さが原因です。連携が取れていないため、当事者意識を持つことができません。歯車が噛み合っていれば、すべての歯車が「予材を増やす」「予材をカタチにする」ために動き出すはずです。

また、組織が噛み合っていないうえに、何度も組織変更を繰り返す会社もあります。この場合、権限と責任の所在が安定せず、腰を据えてリーダーシップを発揮しようとする人が出てこなくなります。

私が、「マーケティング・リーダーシップ・マネジメント（MLM）」を提唱しているのは、情報システムを構築して「経営セクション」「マーケティングセクション」「営業セクション」を結ぶことで、各部門が「予材を増やす」という1つの目的のもとに連携できるからです。

プロモーション活動をするうえで重要な3つの概念「コスト」「アプローチ」「リターン」

プロモーション活動をするうえで、コストゼロはありえない

お客様と効果的に関係構築をするためには、営業パーソンの人間的な接触以外にも、チラシ、DM、ニュースレター、イベント、テレビや雑誌の広告、ホームページ、メルマガ、SNSなど、次のような考えをもとにあらかじめ検討する必要があります。

- どのような比率で組み合わせばいいのか
- どのようなリターンを得るために、どのようなコミュニケーション手段を、どれくらいの規模で行なえばいいのか

予材資産を増やすためのプロモーション（自社や商品を顧客に認知してもらい、販売につなげる活動）を考えるうえで重要なのは、 コスト [→243ページ] 、 アプローチ [→243ページ] 、 リターン [→243ページ] の3つの概念を踏まえたうえで最適化することです。

コストは「お金」か「ストレス」、どちらかをかけていく

最初にコストについて解説します。

コスト意識を正しく持つことは、集客プロモーションの基本です。コストには次の「3種類」あります。

【集客プロモーションに必要な3つのコスト】
①経済的コスト → お金

②時間的コスト → 時間
③精神的コスト → ストレス

　テレビや新聞、雑誌など、マスメディアを使ったプロモーションは、「経済的コスト」がかかります。

　ＷＥＢサイトやブログ、メルマガは、「経済的コスト」を抑えながら個別のメディアを持つことが可能です。しかし、すぐに結果は出ないため、「時間的コスト」がかかります。

　また、ブログやメルマガなどで優良なコンテンツを配信し続ける場合、継続力のない人には「精神的コスト」がかかります。

　てっとり早くプロモーション活動するためには、「経済的コスト」か「精神的コスト」をかけたアプローチ手法が有効でしょう。つまり、お金か、ストレスをかけるのです。

　具体的には、巨額なコストがかかるテレビＣＭか、飛び込み営業、テレマーケティングなどのストレスがかかる手法を選択します（ただし、新聞、雑誌への広告などは「認知度のアップ」に適したメディアであり、すぐ結果を出すには不向きです）。

　どのメディアを使うにせよ、プロモーション活動をするうえで、コストゼロはありえません。必ず何らかのコストがかかることを念頭に置いてください。

コスト削減だけでは、
根本的解決には至らない

コスト削減は、その場しのぎの対処療法にすぎない

　売上が伸び悩むＡＢＣ株式会社（仮名）は、当初、コスト削減による経営の安定化を目論んでいました。社長は「固定費や変動費を見直すことで収益性を高めよう」と考えたのです。

　そこで、ＡＢＣ株式会社では、「人件費」「広告宣伝費」「教育費」「旅費」「交際費」「諸費」に分類し、それぞれの「詳細」「優先順位」「経費削減の施策」の洗い出しを行なうことにしたのです（144㌻の「経費バランスシート」を参照）。

　たとえば、「人件費」を見てみると、最も優先順位が高いのは、「役員報酬」です。役員報酬は「実績と連動」させるのが経費削減の施策案です。つまり、実績が上がらなければ、役員報酬額を下げます。

　正社員の「営業」は、優先順位の中位で、「白地と仕掛りの量」と報酬額を連動させることにしました。今期の結果も大事ですが「将来につながる予材資産の創出」が企業の安定的成長には不可欠だからです。

　正社員の「マーケティング部」の優先順位も「営業」と同じ中位で、「マーケティング部」は「白地」の量と連動させます（仕掛りとも連動している分、営業のほうが「今期の実績」を踏まえた評価になっています）。

　パート／アルバイトは、「一律10％ダウン」とし、正社員の間接部門、製造・物流部門に関しては削減施策を設けていません。

【人件費】
- 役員報酬……実績と連動
- 正社員（営業）……白地と仕掛りの量に連動

- パート／アルバイト……10％ダウン
- 正社員（マーケティング）……白地の量に連動
- 正社員（間接）……削減施策はなし
- 正社員（製造・物流）……削減施策はなし

「広告宣伝費」「教育費」「旅費」「交際費」「諸費」に関しても「経費削減の施策」を考え、ＡＢＣ株式会社は収益性の向上に努めました。

本業の儲けが伸びて営業利益がアップすれば、役員や営業、マーケティング部の報酬がアップします。

もしも期待以上に営業利益がアップしなければ、役員報酬は減ります。「白地」や「仕掛り」の量が思った以上に増えなければ、営業やマーケティング部門の人件費、それに翌年からの広告宣伝費、旅費、交際費なども削減されます。

結果的にどうなったかというと、ＡＢＣ株式会社のコスト削減施策は「失敗」に終わりました。本業の儲けが伸びなかっただけでなく、この取り組み自体が失敗だったのです（146ページ参照）。

失敗に終わった理由は、次に説明する４つです。

①施策案が正しく運用されなかった

売上が伸びず、「種まき」「水まき」も十分ではなかったにもかかわらず、「役員報酬」「正社員（営業）」「正社員（マーケティング）」は据え置きでした。いっぽうで、立場の弱い「パート／アルバイト」は施策案どおり一律ダウン。さらに施策を講じる必要がない「間接」「製造・物流」部門の人件費に増減があったのです。

- 役員報酬……実績が出ていないにもかかわらず、見直された形跡がない
- 正社員（営業）……白地と仕掛りの量が不十分なのに、見直された形跡がない

141

- パート／アルバイト……実際に10%ダウン
- 正社員（マーケティング）……白地の量が不十分なのに、見直された形跡がない
- 正社員（間接）……人件費が10%上がっている
- 正社員（製造・物流）……人件費が10%下がっている

「人件費」と同様に「広告宣伝費」「教育費」「旅費」「交際費」「諸費」に関しても、経費削減の施策が正しく運用されることはありませんでした。

②かけるべきコストまで削減したため、今後の予材も増えなくなる

　問題なのは、業績ダウンの原因をつくった当事者が責任をとらなかっただけではありません。

　たとえば、広告宣伝費は、予材を増やすために必要なコストです。広告宣伝費は額が大きいため、削減効果が高いのは事実です。しかしプロモーション活動を極端に縮小すると、得られるリターンも少なくなってしまうので、予材を増やすことができません。

　また、教育費は「重要かつ緊急性がない」ので削減対象になりがちですが、営業力の源泉は「人」なので、人材教育には一定量のコストをかけ続けなければなりません。教育は「水まき」と同じスタンスです。必要なときにだけ教育するのではなく、定期的に実施しなければ、育つ人も育たなくなります。

　交際費も、予材を増やすためには必要です。

　社長が週末にゴルフに出かけるのも、交際費を使って飲み食いをするのも、「白地」をつくるための大事な「仕事」です。社長は「白地」の宝庫なのですから、ある程度の「交際費」は必要です（もちろん、交際費の中身はチェックする必要があります）。

　コストの見直しは、「予材を増やすために必要か否か」で判断します。必要なコストまで削減すれば、予材資産が目減りしていき、会社は弱体

化します。

「コスト削減」も予材管理の発想で行ないましょう。目先の収益確保のために、必要なコストまで削減すべきではありません。

③社員のモチベーションが下がった

過度にコストを削減しようとすると、現場のモチベーションが低下することがあります。心情的に「余裕」がなくなるからです。

コスト削減によって現場の業務に支障をきたすこともあるため、社員の戸惑いも大きくなります。

④「コスト削減」だけで短期的な収益を得ようとした

私たちがのちにシミュレーションをした結果、「経費削減の施策案」が正しく運用された場合でも、「コスト削減」だけでは業績の大幅な改善が見込めないことがわかりました。大規模な人的整理など、よほど大ナタを振らない限りは、コスト削減だけで収益を改善できません。

では、ＡＢＣ株式会社の業績を改善するには、どうすればいいのでしょうか。

方法は1つしかありません。「売上を上げる」ことです。つまり、本業で儲けることです。

コスト削減は、いわば対処療法的な施策であり、限界があります。したがって、コストは単純にカットするのではなく、「使うべきところに使う」「予材が増えるために使う」のが正しいのです。なぜなら、本業の売上を上げなければ、根本的な解決には至らないからです。

図29 ＡＢＣ株式会社の経費バランスシート（改善前）

ABC株式会社 営業経費バランスシート

コスト削減による経営の安定化を図る

固定費や変動費を見直すことで収益性を高める

「(a)人件費」「(b)広告宣伝費」「(c)教育費」「(d)旅費」「(e)交際費」「(f)諸費」
に分類し、それぞれの「詳細」「優先順位」「経費削減の施策」の洗い出した

(単位：千円)

	1月	2月	3月	4月	5月	6月	7月	8月	9月	10月	11月	12月	合計
経費	25,124	25,301	24,636	26,229	31,780	50,228	25,593	22,981	27,763	23,986	23,319	46,413	353,353
経費累計	25,124	50,425	75,061	101,290	133,070	183,298	208,891	231,872	259,635	283,621	306,940	353,353	―
実績	188,000	174,909	159,740	169,743	159,087	154,900	178,900	203,000	182,908	189,880	169,870	187,099	2,118,036
実績の累計	188,000	362,909	522,649	692,392	851,479	1,006,379	1,185,279	1,388,279	1,571,187	1,761,067	1,930,937	2,118,036	―
目標	200,000	200,000	200,000	200,000	200,000	200,000	200,000	200,000	200,000	200,000	200,000	200,000	2,400,000
目標の累計	200,000	400,000	600,000	800,000	1,000,000	1,200,000	1,400,000	1,600,000	1,800,000	2,000,000	2,200,000	2,400,000	―
目標（営業利益） 3%	6,000	6,000	6,000	6,000	6,000	6,000	6,000	6,000	6,000	6,000	6,000	6,000	72,000
目標（営業利益）の累計	6,000	12,000	18,000	24,000	30,000	36,000	42,000	48,000	54,000	60,000	66,000	72,000	―
売上目標（達成率）													88.3%
利益目標（達成率）													-75.9%

index	確度	詳細	優先順位	経費削減の施策	1月	2月	3月	4月	5月	6月	7月	8月
1	(1) 白地（決意表明）				120,900	149,000	142,000	80,500	89,000	89,000	79,000	88,000
2	(2) 仕掛り（可能性あり）				80,430	98,650	117,000	128,000	128,000	132,000	129,000	98,000
3	(3) 見込み（ほぼ決定）				188,000	174,909	159,740	169,743	159,087	154,900	178,900	203,000
4	(a)人件費	役員報酬	1) 高	実績と連動	3,211	3,322	3,321	3,432	3,323	3,321	3,345	3,343
5	(a)人件費	正社員（営業）	2) 中	白地仕掛りの量と連動	5,876	5,785	5,876	5,865	5,763	14,234	5,812	5,789
6	(a)人件費	パート／アルバイト	3) 低	10%ダウン	2,098	2,094	2,019	2,011	2,043	1,890	1,821	1,800
7	(a)人件費	正社員（マーケティング部）	2) 中	白地の量と連動	887	908	885	912	854	2,234	908	912
8	(a)人件費	正社員（間接）		参考	2,876	2,764	2,687	2,876	2,987	6,879	2,990	3,098
9	(a)人件費	正社員（製造・物流）		参考	5,676	5,890	5,689	5,378	5,787	14,453	5,432	5,387
10	(b)広告宣伝費	チラシ／DM	1) 高	投資対効果の測定	700	700	700	700	700	700	700	700
11	(b)広告宣伝費	WEBサイト関連		ネット運営費＋大幅リニューアル	400	400	400	400	7,700	400	400	400
12	(b)広告宣伝費	プロモーションその他	2) 中	7月/9月の展示会出展／投資対効果				500			1,700	
13	(c)教育費	社内研修	3) 低	今期自粛	250	250	250					
14	(c)教育費	外部研修	3) 低	即効性の高いものみ		120		80				
15	(c)教育費	書籍代（その他）	3) 低	基本的にゼロ	5		7			3		
16	(d)旅費	交通費	3) 低	自主的に見直す	109	102	87	98	102	89	78	65
17	(d)旅費	出張旅費	1) 高	遠方の出張は業議対象	343	321	243	453	345	321	564	342
18	(d)旅費	ガソリン代	3) 低	エリア戦略を徹底	188	187	165	167	167	156	198	145
19	(e)交際費	白地	2) 中	事前承認が必要	21	13	8					
20	(e)交際費	仕掛り	2) 中	事前承認が必要	15	13	67	23	45	32	34	23
21	(e)交際費	見込み	2) 中	事前承認が必要	78	87	87	123	56	87	65	87
22	(f)諸費	外注、減価償却費含む			2,391	2,345	2,345	3,211	1,908	5,432	1,543	890
23												
24												
25												
26												
27												
28												
				適正予材規模（目標の2倍）	400,000	400,000	400,000	400,000	400,000	400,000	400,000	400,000
				予材の合計	389,330	422,559	418,740	378,243	376,087	375,900	386,900	389,000
				予材合計	-10,670	22,559	18,740	-21,757	-23,913	-24,100	-13,100	-11,000
				(a)人件費	20,624	20,763	20,277	20,474	20,757	43,011	20,308	20,329
				(b)広告宣伝費	1,100	1,100	1,100	1,600	8,400	1,100	2,800	1,100
				(c)教育費	255	370	257	80	0	0	3	0
				(d)旅費	640	610	495	718	614	566	840	552
				(e)交際費	114	113	162	146	101	119	99	110
				(f)諸費	2,391	2,345	2,345	3,211	1,908	5,432	1,543	890
				(g)売上原価	147,860	148,721	153,421	156,541	101,231	149,534	142,411	187,541
				売上原価＋経費（計）	172,984	174,022	178,057	182,770	133,011	199,762	168,004	210,522
				営業利益	15,016	887	-18,317	-13,027	26,076	-44,862	10,896	-7,522

①役員報酬 …………………… 実績と連動。実績が上がらなければ、「役員報酬額」を下げる
②正社員（営業）…………… 白地と仕掛りの量に連動
　　　　　　　　　　　　　　「将来につながる予材資産の創出」が成長には不可欠なため
③パート／アルバイト ………… 10%ダウン
④正社員（マーケティング）…… 白地と仕掛りの量に連動
　　　　　　　　　　　　　　「将来につながる予材資産の創出」が成長には不可欠なため
⑤正社員（間接）…………… 削減施策はなし
⑥正社員（製造・物流）…… 削減施策はなし

本業の儲けが伸びて営業利益がアップすれば、
役員や営業、マーケティング部の報酬がアップ！
売上がアップしなければ役員報酬は減り、
営業やマーケティング部門の人件費、
翌年からの広告宣伝費、旅費、交際費なども削減される……

9月	10月	11月	12月	合計	備考（対策/課題）
76,000	89,000	60,000	90,000	1,152,400	
96,890	98,700	88,900	82,000	1,277,570	
182,908	189,880	169,870	187,099	2,118,036	
3,321	3,345	3,321	3,354	39,959	優先順位が「高」で業績連動としながらも、見直された形跡がない
5,890	5,821	5,798	15,210	87,719	白地と仕掛りの量が不十分であるが、見直された形跡がない
1,821	1,876	1,732	1,798	23,003	実際に10%近くダウンされている
902	884	897	2,243	13,426	白地の量が不十分であるが、見直された形跡がない
3,120	3,097	3,122	7,098	43,594	間接の人件費が10%近く上がっているように見られる。削減の施策はないのか？
5,234	5,124	5,213	13,242	82,305	施策がないのに人件費が10%近く下がっている。業績悪化のしわ寄せがきていないか？
700	700	700	700	8,400	費用が一定である.効果測定してPDCAサイクルを回していないのでは？
400	400	400	400	12,100	ホームページで開拓した新規顧客を営業が連携してフォローしているか？　管理されているか？
2,200				4,400	展示会で開拓した新規顧客を営業が連携してフォローしているか？　管理されているか？
				750	人財育成のための投資を限りなくゼロにするよりも削減対象の費目が他にあるのでは？
				200	人財育成のための投資を限りなくゼロにするよりも削減対象の費目が他にあるのでは？
	5			20	人財育成のための投資を限りなくゼロにするよりも削減対象の費目が他にあるのでは？
66	56	65	54	971	交通費が半減しており、顧客とのコンタクト量が減っている懸念はないか？
654	132	176	187	4,081	出張旅費が減少しており、顧客とのコンタクト量が減っている懸念はないか？
134	123	134	121	1,885	ガソリン代が減少しており、顧客とのコンタクト量が減っている懸念はないか？
				42	白地に対する交際費が本当にゼロでよいか？
22	13	8		295	交際費が徐々に減っている。深耕開拓には必要ではないか？
87	98	99	98	1,052	交際費が減らないのは慣例になっているのではないか？
3,212	2,312	1,654	1,908	29,151	内訳を明らかにすべき。何の対策もとられていないグレーゾーン
400,000	400,000	400,000	400,000	4,800,000	
355,798	377,580	318,770	359,099	4,548,006	
-44,202	-22,420	-81,230	-40,901	-251,994	
20,288	20,147	20,083	42,945	290,006	
3,300	1,100	1,100	1,100	24,900	
0	5	0	0	970	
854	311	375	362	6,937	
109	111	107	98	1,389	
3,212	2,312	1,654	1,908	29,151	
108,763	198,761	172,121	152,421	1,819,326	
136,526	222,747	195,440	198,834	2,172,679	
46,382	-32,867	-25,570	-11,735	-54,643	

図30　ＡＢＣ株式会社の経費バランスシート（改善後）

ABC株式会社 営業経費バランスシート

施策案が正しく運用されなかった

①役員報酬 ……………………実績が出ていないにもかかわらず、見直された形跡がない
②正社員（営業）………………白地と仕掛りの量が不十分なのに、見直された形跡がない
③パート／アルバイト …………実際に 10% ダウン
④正社員（マーケティング）……白地の量が不十分なのに、見直された形跡がない
⑤正社員（間接）………………人件費が 10% 上がっている
⑥正社員（製造・物流）………人件費が 10% 下がっている

（単位：千円）

	1月	2月	3月	4月	5月	6月	7月	8月	9月	10月	11月	12月	合計
経費	25,124	25,301	24,636	25,255	31,837	47,958	24,660	21,956	24,740	21,225	20,690	42,669	336,051
経費累計	25,124	50,425	75,061	100,316	132,153	180,111	204,771	226,727	251,467	272,692	293,382	336,051	—
実績	188,000	174,909	159,740	169,743	159,087	154,900	178,900	203,000	182,908	189,880	169,870	187,099	2,118,036
実績の累計	188,000	362,909	522,649	692,392	851,479	1,006,379	1,185,279	1,388,279	1,571,187	1,761,067	1,930,937	2,118,036	—
目標	200,000	200,000	200,000	200,000	200,000	200,000	200,000	200,000	200,000	200,000	200,000	200,000	2,400,000
目標の累計	200,000	400,000	600,000	800,000	1,000,000	1,200,000	1,400,000	1,600,000	1,800,000	2,000,000	2,200,000	2,400,000	—
目標（営業利益）3%	6,000	6,000	6,000	6,000	6,000	6,000	6,000	6,000	6,000	6,000	6,000	6,000	72,000
目標（営業利益）の累計	6,000	12,000	18,000	24,000	30,000	36,000	42,000	48,000	54,000	60,000	66,000	72,000	—

売上目標（達成率）	88.3%
利益目標（達成率）	-51.9%

Index	確度	詳細	優先順位	経費削減の施策	1月	2月	3月	4月	5月	6月	7月	8月
1	(1) 白地（決意表明）				120,900	149,000	142,000	80,500	89,000	109,000	99,000	128,000
2	(2) 仕掛り（可能性あり）				80,430	98,650	117,000	128,000	128,000	132,000	129,000	98,000
3	(3) 見込み（ほぼ決定）				188,000	174,909	159,740	169,743	159,087	154,900	178,900	203,000
4	(a) 人件費	役員報酬	1) 高	実績と連動	3,211	3,322	3,321	3,432	3,323	3,323	2,897	2,932
5	(a) 人件費	正社員（営業）	2) 中	白地と仕掛りの量と連動	5,876	5,785	5,876	5,865	5,763	14,234	5,300	5,211
6	(a) 人件費	パート／アルバイト	3) 低	10%ダウン	2,098	2,094	2,019	2,011	2,043	1,890	1,821	1,800
7	(a) 人件費	正社員（マーケティング部）	2) 中	白地の量と連動	887	908	885	912	854	2,234	812	821
8	(a) 人件費	正社員（間接）		参考	2,876	2,764	2,687	2,876	2,987	6,879	2,888	2,876
9	(a) 人件費	正社員（製造・物流）		参考	5,676	5,890	5,489	5,378	5,787	14,453	5,432	5,387
10	(b) 広告宣伝費	チラシ／DM	1) 高	投資対効果の測定	700	700	700	500	700	500	400	400
11	(b) 広告宣伝費	WEBサイト関連		ネット運営費＋大幅リニューアル	400	400	400	400	7,700	400	400	400
12	(b) 広告宣伝費	プロモーションその他	2) 中	7月/9月の展示会出展／投資対効果				500			1,700	
13	(c) 教育費	社内研修	3) 低	今期自粛	250	250	250	250		250	500	500
14	(c) 教育費	外部研修	3) 低	即効性の高いもののみ		120		80		670		540
15	(c) 教育費	書籍代（その他）	3) 低	基本的にゼロ	5		7			30	40	40
16	(d) 旅費	交通費	3) 低	自主的に見直す	109	102	87	98	102	89	78	109
17	(d) 旅費	出張旅費	1) 高	遠方の出張は稟議対象	343	321	243	453	345	321	564	342
18	(d) 旅費	ガソリン代	3) 低	エリア戦略を徹底	188	187	165	167	167	156	198	145
19	(e) 交際費	白地	2) 中	事前承認が必要	21	13	8	12		23	21	32
20	(e) 交際費	仕掛り	2) 中	事前承認が必要	15	13	67	23	45	32	34	44
21	(e) 交際費	見込み	2) 中	事前承認が必要	78	87	87	87	56	44	32	34
22	(f) 諸費	外注、減価償却費含む			2,391	2,345	2,345	2,211	1,908	2,432	1,543	343
23												
24												
25												
26												
27												
28												
	適正予材規模　（目標の2倍）				400,000	400,000	400,000	400,000	400,000	400,000	400,000	400,000
	予材の合計				389,330	422,559	418,740	378,243	376,087	395,900	406,900	429,000
	予材合計				-10,670	22,559	18,740	-21,757	-23,913	-4,100	6,900	29,000
	(a) 人件費				20,624	20,763	20,277	20,474	20,757	43,011	19,150	19,027
	(b) 広告宣伝費				1,100	1,100	1,100	1,400	8,400	900	2,500	800
	(c) 教育費				255	370	257	330	0	950	540	1,080
	(d) 旅費				640	610	495	718	614	566	840	596
	(e) 交際費				114	113	162	122	101	99	87	110
	(f) 諸費				2,391	2,345	2,345	2,211	1,908	2,432	1,543	343
	(g) 売上原価				147,860	148,721	153,421	156,541	101,231	149,534	142,411	187,541
	売上原価＋経費（計）				172,984	174,022	178,057	181,796	133,011	197,492	167,071	209,497
	営業利益				15,016	887	-18,317	-12,053	26,076	-42,592	11,829	-6,497

かけるべきコストまで削減したため、今後の予材も増えない

- ・「教育費」は削減対象になりがちだが、営業力の源泉は「人」なので、
  人材教育には定期的に、一定量のコストをかけ続けなければならない
- ・「広告宣伝費」は、予材を増やすために必要なコス。プロモーション活動を極端に
  縮小すると、得られるリターンが少なくなり、予材を増やすことができない
- ・「交際費」も予材を増やすためには必要。社長は「白地」の宝庫であり、
  「白地」をつくるための大事な「仕事」のために必要

社員のモチベーションが下がった

過度にコストを削減すると、現場の業務に支障をきたすこともあり、
現場のモチベーションが低下する

9月	10月	11月	12月	合計	備考（対策/課題）
129,000	129,000	146,000	145,000	1,466,400	
96,890	98,700	88,900	82,000	1,277,570	
182,908	189,880	169,870	187,099	2,118,036	
2,786	2,675	2,465	2,981	36,666	業績連動で後半20％ダウンしたケース
5,321	5,219	5,321	13,010	82,781	白地と仕掛りの量が不十分であるため後半10％ダウンさせたケース
1,821	1,876	1,732	1,798	23,003	実際に10％近くダウンされている
809	786	798	1,872	12,578	白地の量が不十分であるため後半10％ダウンさせたケース
2,981	2,821	2,786	6,653	42,074	間接の人件費を横ばいでシミュレーションしたケース
5,234	5,124	5,213	13,242	82,305	
400	200	200	200	5,400	費用対効果を測定し、後半に費用を削減したケース
400	400	400	400	12,100	営業部とマーケティングとの連携を徹底的に管理→白地へ
2,200				4,400	イベント後の営業フォローなどを徹底的に管理→白地へ
500	500	500	500	4,500	人財育成のために一定量を投資
		300		1,710	人財育成のために一定量を投資
40	40	40	40	292	人財育成のために一定量を投資
109	90	98	102	1,173	見直し対象から外す
654	343	298	311	4,538	見直し対象から外す
188	189	198	198	2,146	見直し対象から外す
12	25	32	32	252	積極的に活用
32	24	32	43	404	積極的に活用
21	23	43	76	644	削減見直し
1,232	890	234	1,211	19,085	内訳を明確化し、業務委託先との粘り強い交渉を実施した
400,000	400,000	400,000	400,000	4,800,000	
408,798	417,580	404,770	414,099	4,862,006	
8,798	17,580	4,770	14,099	62,006	
18,952	18,501	18,315	39,556	279,407	
3,000	600	600	600	21,900	
540	540	840	540	6,502	
951	622	594	611	7,857	
65	72	107	151	1,300	
1,232	890	234	1,211	19,085	
108,763	198,761	172,121	152,421	1,819,326	
133,503	219,986	192,811	195,090	2,155,377	
49,405	-30,106	-22,941	-7,991	-37,341	

「コスト削減」だけを実施しても
根本的な解決には至らない

↓

業績を改善するには
売上を上げるしかない！

「パーソナルアプローチ」と「マスアプローチ」の特性を理解する

予材資産を増やす2種類のアプローチ

コストに続いて、アプローチについて説明します。アプローチには次の2種類があります。

① **パーソナルアプローチ（相手と向き合うアプローチ）**［→243ページ］

電話や面談など、「1」対「1」のアプローチのことをいいます。目標の2倍の予材を仕込むためには、多くのお客様との関係構築が不可欠ですが、1人1人との関係性は大事にしていきます。その際は、予材ポテンシャルがある顧客へ定期的に接触し、関係性を築いていきます。

面談の場合、1回の接触滞在時間は2分間程度（ご挨拶程度）で十分ですが、その代わり、何度も繰り返し足を運びます。

② **マスアプローチ（相手と向き合わないアプローチ）**［→244ページ］

「パーソナルアプローチ」以外のすべての活動のことをいいます。

事業スタイルや会社の規模によっては、お客様と個人的に繰り返し接触することが非現実的なケースもあります。そのため、WEB、チラシ、DM（ダイレクトメール）、イベントなどで接触を繰り返し、予材資産を蓄えていきます。

セミナーやイベントでは目の前にお客様がいることもありますが、「大勢に向かってコミュニケーションを取っている」以上、1対1のパーソナルアプローチとは呼びません。

第4章 予材管理を成功させる「マーケティング」の新常識

図31 「パーソナルアプローチ」と「マスアプローチ」の違い

パーソナルアプローチ →「1」対「1」

電話や面談で、予材ポテンシャルがある顧客へ
定期的に何度も繰り返し足を運び、関係性を築く

こういう提案をしたいのですが、
いかがでしょうか？

Ⓐ Ⓑ Ⓒ
Yes No No

・こちらが問いかけたことに対して
　「イエス」なのか「ノー」なのか、相手の反応を読み取ることできる

・「1」対「1」のアプローチを数多く
　行なわなければならないため、時間的コストがかる

・相手から直接「ノー」を突きつけられる可能性があるため、
　精神的コストも高くなる

マスアプローチ →「1」対「不特定多数」

WEB、チラシ、DM（ダイレクトメール）、イベントなどで
接触を繰り返し、予材資産を蓄えていく

メディア

100人、1000人、1万人以上に
アプローチ可能

・新聞、雑誌、WEBといったマスメディアを利用すれば、
　「1回」で多数へのアプローチが可能

・相手と向き合う必要がないため、精神的コストはかからない

・アプローチした「全員」からレスポンスが返ってくることはない
・経済的コストが高くなる

パーソナルアプローチとマスアプローチの違いは、「レスポンス」

　パーソナルアプローチとマスアプローチの決定的な違いは、「レスポンス」です。

　パーソナルアプローチは、相手と直接に向き合うので、こちらが問いかけたことに対して「イエス」なのか「ノー」なのか、相手の反応を読み取ることできます。

　たとえば、Aさん、Bさん、Cさんの3人に対して、「こういう提案をしたいのですが、いかがでしょうか」と1人ずつ意思決定を迫ったとき、3人とも、何らかのレスポンスをするでしょう。

　Aさんは「OKです」と快諾し、Bさんは「ちょっと」、Cさんも「ちょっと」と煮え切らない返事をした場合、Aさんは「イエス」、BさんとCさんは「ノー」だということがわかります。

　いっぽう、マスアプローチでは、アプローチした「全員」からレスポンスが返ってくることはありません。

　Twitterに投稿したり、ブログに記事をアップしたりしたからといって、読者全員からコメントが届くことはありません。

　「イエス（申し込み、資料請求、購入など）」のレスポンスはあっても、「ノー」のレスポンスがないのがマスアプローチの特性です。

　DMを1000通出して、20人の方から申し込みがあった場合、残りの980人からは「レスポンスがなかった」ということです（レスポンスがないからといって「ノー」だとは限りません）。

　すでに関係が構築されている相手であれば、「この商品には興味がない」「イベントに行きたかったんですけど、ちょっと今月はむずかしいですね」といった「ノー」のレスポンスが返ってくることもあるかもしれません。ですが、関係性が薄い場合は、基本的に「スルー」されて終わりです。

　ほとんどのマスアプローチは、不特定多数に向けた「発散型」のアプ

ローチです。

「100人」にプロモーションするとき、パーソナルアプローチでは、「1」対「1」のアプローチを「100回」行なわなければならないため、時間的コストがかかります。また、相手から直接「ノー」を突きつけられる可能性があるため、精神的コストも高くなります。

ですが、新聞、雑誌、WEBといったマスメディアを利用すれば、「1回」で100人や1000人、1万人以上にアプローチできます。相手と向き合う必要がないため、精神的コストはかかりませんが、経済的コストが高くなります。

マスアプローチは、手間をかけず、一度で多くの人に「認知してもらう」ためのプロモーションです。

WEBプロモーションも、消費者に対して認知度を上げることができますが、ホームページの閲覧数やメルマガの読者数など、ファンを増やし続けないと、現状維持の結果をもたらすことはできません。

したがって、時間的コストと精神的コストも同様にかかります。

いっぽう、「収束型」のマスアプローチもあります。

「収束型」のアプローチとは、「既存のお客様」「特定のお客様」に対するアプローチで、メルマガやニュースレターなどがあります。

予材資産など、データベースに基づいてプロモーション活動をするので、総じて「発散型」のマスアプローチよりもコンバージョン率は高くなります。

ただし、データベースを更新せず、同じデータベースにいつまでも頼っていると、期待リターンのコンバージョン率は徐々に下がっていきます。

限定された市場（データベース）の中でプロモーションをした場合、2回目、3回目、4回目……と続けていくうちに、コンバージョン率が落ちていくという特性は覚えていてください。

アプローチ数が増えるほど、リターンのコンバージョン率が「下がる」

アプローチ数とコンバージョン数は反比例する

　たとえば、あるイベントに「20人」集めることになったとします。

　すると、集客をしたことがない人、もしくは集客目標を達成してきた実績がない人は、「コンバージョン率が一定に推移する」という先入観を持っています。

　したがって、たとえば10人にアプローチした場合のコンバージョン率が「50％」だったとき、アプローチする人数が増えても、「コンバージョン率は50％で推移する」と思い込んでしまいます。

①10人にアプローチ → 5人の集客（50％）
②20人にアプローチ → 10人の集客（50％）
③30人にアプローチ → 15人の集客（50％）
④40人にアプローチ → 20人の集客（50％）

　ですから、目標人数の「20人」を集客するには、「40人」にアプローチすればいいと考えるのです。しかし、実際は一定の率で推移することはありません。アプローチ数とコンバージョン率は反比例します。

　次のように、アプローチ数が増えるほど、コンバージョン率は下がります。

①10人にアプローチ → 5人の集客（50％）
②32人にアプローチ → 10人の集客（31％）
③75人にアプローチ → 15人の集客（20％）

④106人にアプローチ → 17人の集客（16%）
⑤135人にアプローチ → 19人の集客（14%）
⑥166人にアプローチ → 20人の集客（12%）

　最初に声をかける人（①の10人）は、「関係性の深い相手」「ラポールが構築されている相手」なので、コンバージョン率が高くなります。

　ところが、アプローチする相手が増えれば増えるほど、関係性の薄い人が対象となっていきます。

　すると当然、コンバージョン率は落ちていきます。10人にアプローチして5人集客できたからといって、20人に声をかけたら10人集客できるかというと、そう簡単ではありません。

　マスアプローチも同じで、アプローチ数が増えると、コンバージョン率が下がります。

　たとえばブログの記事閲覧数が1000で、5人の集客という実績があったとします。このときのコンバージョン率は「0.5%」です。

　ですが、閲覧数が2000に増えたからといって、集客数が10人になることはありません。

　ブログやメルマガ、Facebookなどの経済的コストがかからない個人的なメディアは、アプローチ数が増えれば増えるほど、コンバージョン率が落ちていきます。集客数を増やしたいのなら、母数を圧倒的に増やす（閲覧数を圧倒的に増やす）ことが前提です。

　経済的コストをかけた広告、つまりテレビCMや、ネット広告、DMといった販促プロモーションは、コンバージョン率が予測できません。「やってみないことには、わからない」のが特徴です。

　目標を達成するためには「逆算」して考えることが重要です。しかし、このように分母を増やすことで「コンバージョン率」がどのように推移するかを知らずに「逆算」しても、期待した実績を残すことができません。

図32 アプローチ数とコンバージョン率の関係

【目標】あるイベントに「20人」集めたい

―― 集客をしたことがない人 ――

① 10人にアプローチ → 5人の集客（50％）
② 20人にアプローチ → 10人の集客（50％）
③ 30人にアプローチ → 15人の集客（50％）
④ 40人にアプローチ → 20人の集客（50％）

「コンバージョン率が一定に推移する」と思い込んでいる

―― 実際には…… ――

① 10人にアプローチ → 5人の集客（50％）
② 32人にアプローチ → 10人の集客（31％）
③ 75人にアプローチ → 15人の集客（20％）
④ 106人にアプローチ → 17人の集客（16％）
⑤ 135人にアプローチ → 19人の集客（14％）
⑥ 166人にアプローチ → 20人の集客（12％）

アプローチ数とコンバージョン率は反比例する

―― **Ex)** ブログの記事閲覧数 ――

閲覧数が1000 → 5人の集客（0.5％）
↓
閲覧数が2000 → 10人の集客（0.5％）

ブログやメルマガ、Facebookなどは、
アプローチ数が増えれば増えるほど、コンバージョン率が落ちていく

集客数を増やしたいのなら、母数を圧倒的に増やすことが前提

7種類のコミュニケーション手段を駆使する

コミュニケーションは、「合わせ技」が基本

「予材管理」を支える思想は、大量のパーソナルアプローチです。信頼関係を築くという意味では、「face-to-face（顔を合わせてのコミュニケーション）」が最も効果的です。ですが、現実的にはマスアプローチとパーソナルアプローチを組み合わせて使うことが大切です。

お客様へのアプローチ手段は、「面談」「電話」「メール」「チラシ（紙）」「広告」「ＷＥＢ」「ＳＮＳ」の7種類があります。この7種類の特性を理解し、組み合わせの比率を考え、プロモーション活動を行ないます。

1つのアプローチ手法に頼らないで、「合わせ技」にして行なうのが基本です。

【7種類のコミュニケーション手段と特徴】
①面談
……長時間にわたって、1対1のコミュニケーションが可能。
「話が前に進みやすい」「相手からのレスポンスがある」「話が噛み合いやすい」ため、信頼関係を築くという意味では、実際に会ってコミュニケーションをとることが最も有効。

しかし、精神的コストがかかりやすい。

②電話
……時間的コストをかけずに、強いコミュニケーション力を発揮できる。
「面談」はとくに用事がなくても、「近くに寄ったものですから」と顔を見せることができるが、電話の場合、関係性が薄い相手に対しては、「用

もないのに連絡を取る」のがむずかしい。

テレフォンアポイント（テレアポ）は、顔が見えない相手から「ノー」を突きつけられるため、精神的コスト（ストレス）がかかりやすい。

③メール

……「電話」や「面談」に比べると精神的コストがかからず、同報メールを出せば、一度に複数人にアプローチすることができる。

ただし、リアルタイム性が損なわれたコミュニケーション手段であるため、タイムラグが発生する。

レスポンスが相手の自主性に委ねられるため、「スルー」されることも多い。また、メールだけに頼っていると「大事にされていないのではないか」と相手に誤解を与えてしまい、ラポールが崩れることもある。

④チラシ（紙）

……「究極！」「激安！」「完全無料！」「世界で最高の一品！」といった刺激的なキャッチコピー（煽動表現）を多用することで、相手の関心を高めることができる。また、「面談」や「電話」と違って、「もの」として視覚的に残すことができる。

また、役立つ情報を載せた「ニュースレター」は、定期配信することでお客様の信頼を勝ち取ることができる。

ただし、チラシやニュースペーパーなどの「紙」類は、相手にただ郵送するだけなので、ラックやスタンドに設置しただけで放置されているケースも多い。したがって、チラシ、パンフレット、カタログといった紙媒体を使うときは、「直接、相手に手わたして、内容を説明する」など、「面談」と組み合わせる。

⑤広告

……一度に、不特定多数にアプローチできるが、相手の予材ポテンシャルに関係なく情報を届けるため、コンバージョン率が測定しにくい。また、大きな経済的コストがかかる。

第4章 予材管理を成功させる「マーケティング」の新常識

| 図33 | 7種類のコミュニケーション手段と経済的コスト、精神的コスト、時間的コストの関係 |

	メリット	デメリット
①面談	長時間にわたって、1対1のコミュニケーションが可能	精神的コストがかかりやすい
②電話	時間的コストをかけずに、強いコミュニケーション力を発揮できる	関係性が薄い相手に対しては、「用もないのに連絡を取る」のがむずかしい
③メール	精神的コストがかからず、同報メールで一度に複数人に対してアプローチが可能	リアルタイム性が損なわれたコミュニケーション手段であるため、タイムラグが発生
④チラシ(紙)	刺激的なキャッチコピーを多用することで、相手の関心を高めることができる	「紙」類は、ラックやスタンドに設置されるだけで放置されていることが多い
⑤広告	一度に、不特定多数にアプローチできる	大きな経済的コストがかかり、予材ポテンシャルに関係なく情報を届けるため、コンバージョン率が測定しにくい
⑥WEB	個別にプロモーション用のメディアを持つことができる	優良なコンテンツを配信し続けなければならないため、「時間的コスト」と「精神的コスト」がかかる
⑦SNS	ユーザー特性を理解して発信すれば、多くの人々への認知を広めることができる	利用者は限定されており、予材ポテンシャルのあるお客様のキーパーソンとSNSを通じて接触できるとは限らない

　紙媒体と同様、電話や面談時に「最近テレビＣＭがはじまりました」「昨日、新聞にパブリシティが掲載されました」などと、相手に直接伝えることを忘れてはならない。

⑥ＷＥＢ

……個別にプロモーション用のメディアを持つことができる。

　ただし、優良なコンテンツを配信し続けなければならないため、「時間的コスト」と「精神的コスト」がかかる。

　また、閲覧数を増やすにはＳＥＯ対策（検索エンジンにキーワードを入力したとき、検索上位に引っかかるようにするための対策手法）やネット広告など、独自の対策が必要になるため、ある程度の「経済的コスト」も必要。

⑦ＳＮＳ

……「案内」や「告知」に適した手法。Facebook、Twitter、Instagram などの各ＳＮＳのユーザー特性を理解して使えば、多くの人々への認知を広めることができる。

　しかし利用者は限定されており、予材ポテンシャルのあるお客様のキーパーソンとＳＮＳを通じて接触できるとは限らない。

リターンには「認知」「関心」「行動」の3種類ある

アプローチ手法によって、得られるリターンは変わる

　プロモーションを理解するうえで、相手の反応によって得られる「リターン」という3つ目の概念が重要になります。リターンには、次の3つがあります。

【3種類のリターン】
①認知
……単に「知っている」「気づいている」という状態。
　情報が届いていても、人間は無意識のうちに認知する対象を選択しているので、アプローチをしたからといって、相手が認知しているわけではない。何らかの方法で正しく伝わっているか「確認」する必要がある。

②関心
……「興味」「関心」を抱いてもらえている状態。

③行動
……何らかの意思決定をして行動を起こしてもらえた状態。
※広告宣伝に対する消費者の心理のプロセスを「5つ」に分類することもできる（ＡＩＤＭＡの法則）。

　ある商品があり、それを100人に告知しても、100人全員に「認知」されたかどうかはわかりません。人間は、「届いた情報の中から、無意識のうちに認知する対象を選択している」からです（「選択的認知」といいま

す）。

　さらに、「認知」したからといって、「関心」を持ち、購買や採用といった「行動」をするかというと、そうとも限りません。したがって、多くの人に「認知してもらう」「興味をもってもらう」「購入してもらう」ための、地道なプロモーション活動をすることが重要です。

　前述した7種類のコミュニケーション手段は、その特性から、得意、不得意があります（広告は認知には向いているが行動を促すには向いていない、電話は行動を促すことができるが、認知度のアップには適していない、など）。

　ですから、「どのリターンを得たいのか」を事前に決め、そのリターンを得られやすい手段を使ってアプローチすべきです。

　マスアプローチは、「認知段階」「関心段階」にいるお客様には有効ですが、「行動」を起こさせるのはむずかしいものがあります。「関心」か

図34　7種類のコミュニケーション手段と得られるリターンの関係

認知	関心	行動
単に「知っている」「気づいている」という状態	「興味」「関心」を抱いてもらえている状態	何らかの意思決定をして行動を起こしてもらえた状態

マスアプローチ
・メール
・チラシ（紙）
・広告
・WEB
・SNS

パーソナルアプローチ
・面談
・電話

地道なプロモーション活動をすることが重要

**「どのリターンを得たいのか」を事前に決め、
得られやすい手段を使ってアプローチ！**

ら「行動」に移行させるには、パーソナルアプローチによって、お客様の「背中を押す」ことが必要になります。

　マスアプローチをするのであれば、どれくらいの「認知」「関心」のリターンを得られたのかを検証することをお勧めします。

　1万人にリーチするような広告や宣伝をし、実際にどれくらいの人が「認知」したか、「関心」を寄せたかを計測します。

　計測をするには、「パーソナルアプローチ」です。実際に電話をしたり、面談をしたりすることで、確認を取ります。

　検証することで、そのマスアプローチに対してどのぐらいの期待リターンがあるか、コンバージョン率を正しく知ることができるからです。

プロモーションは、「受注」のためではなく「予材資産を増やす」ために行なう

ポテンシャルのあるお客様をどれだけ「予材」にできるか

　たとえば、予材資産を増やすために「イベント」にブースを出展することになったとします。

　プロモーションに投資を行なうとき、多くの企業は、「このプロモーションによって、どれだけ売上が上がるか」「どれだけ受注数が増えるか」を期待します。

　ですが、予材管理の考え方は違います。「どれだけ受注が増えるか」ではなく、次のように考えていくのです。

- ポテンシャルのあるお客様がどれだけ「予材」になるか
- 継続的な「水まき」活動ができるお客様がどのくらいいるか

　このイベントで、「適性予材単価500万円の予材資産を4個（計2000万円）つくる」という目標を立てたとします。

　コンバージョン率（予材が受注に移行する確率）の目安が仮に「25%」だとすると、4個の予材のうち、将来的に受注につながる予材は「1個」になります。

　イベントにかかる経済的コスト（出店料、宣伝費、人件費などの合計）が「500万円以下」であれば赤字にはなりませんが、適性予材単価の500万円を上回るコストがかかった場合は、「4つの予材のうち、1個しか受注できない」とコストを回収できないため、赤字になってしまいます。

　もちろん、残り3個の予材にもポテンシャルがあるので、将来的に受注につながる可能性はあります。

第4章 予材管理を成功させる「マーケティング」の新常識

図35 ポテンシャルのあるお客様を「予材」にしていく

「イベント」にブースを出展

✕
・このプロモーションによって、どれだけ売上が上がるか
・どれだけ受注数が増えるか

◯
・ポテンシャルのあるお客様がどれだけ予材になるか
・継続的な水まき活動ができるお客様がどのくらいいるか

【目標】適性予材単価500万円の予材資産を4個（計2000万円）つくる

コンバージョン率が25%だとすると、4個の予材のうち、将来的に受注につながる予材は「1個」

イベントにかかる経済的コストが「500万円以下」であれば赤字にはならないが、適性予材単価の500万円を上回るコストがかかった場合、コストを回収できないため、赤字になる

出展の経済的リスクを回避するには、目標とする予材の数（500万円×4個＝2000万円）をさらに増やすべきだと判断する

ですが、商談のリードタイムが長くなれば、機会損失を起こすことも
あるでしょう。
　予材管理では「達成主義」の観点から「余裕」を持つことが重要にな
るので、出展の経済的リスクを回避するには、目標とする予材の数（500
万円×4個＝2000万円）をさらに増やすべきだと判断できます。

　では、次の結果が想定される場合、どうなるでしょうか。

- **イベントの来場予想数……「5000人」**
- **「5000人」のうち、「自社のブースに足を運んでくださるお客様」の予
  想数……「100人」**
- **「100人」のうち、アンケートに記入してくださるお客様の予想数……
  「20人」**
- **「20人」のうち、予材ポテンシャルのあるお客様の予想数……「4人」**

　予材ポテンシャルのあるお客様が4人（適性予材量が4個）では、投
資コストを回収できません。
　したがって、「このイベントにブースを出展しても、期待どおりに予材
を増やすことはできない」＝「イベントへの参加は得策ではない」とい
う結論を導くことができるのです。
　ブースの場所や大きさ、目立ち方によって、「自社のブースに足を運ん
でくださるお客様」の予想数を「500人」にすることができれば、結論
は変わってきます。

　イベントにしても、マス広告にしても、「どれだけの投資コストをかけ
れば、どれだけ受注できるか」という実績ベース（売上や利益）で効果
を測りません。
　「この手法でプロモーションをすると、どれだけの予材資産が生み出さ
れるか」で判断するようにします。
　「いくらかけると、いくら儲かるか」ではなく、「これくらいの予材を取

るには、いくらまでかけられるか」と予材から逆算するのがここでお話
ししているプロモーションのベストとなる考え方です。

予材管理を マーケティングの「4P理論」から考える

マーケティング活動で最も重要なのは「価格戦略」

　予材管理を導入すると、社員1人1人が「マーケティング理論」を深く理解できるようになります。なぜなら、予材管理は、マーケティングの発想を取り入れて設計されているからです。

　とくに予材管理は、1960年にアメリカのマーケティング学者、エドモンド・ジェローム・マッカーシーが提唱した「4P理論」を参考にしています。

　マッカーシーは、マーケティングミックス（マーケティング戦略の目的を達成するために、利用できるツールを組み合わせること）の構成要素を「4P」という概念であらわしています。

【4P】
- Product……プロダクト（製品）
- Price……プライス（価格）
- Promotion……プロモーション（広告販促）
- Place……プレイス（販路・顧客）

　予材管理を「4P理論」から考えるときは、次の順序で考えます。

①プライス戦略を練る（適性予材単価を決める）
②プロダクト戦略、顧客／チャネル（プレイス）戦略、プロモーション戦略を練る

最初に考えるのは、プライスです（予材管理における「適性予材単価」）。

事業目標は「金額」によって表現されているので、はじめにプライス（＝適性予材単価）を決めます。

目標と現状とのギャップ（目標不足分）を埋めるためには、「どれくらいの単価の予材を、どのぐらいの量、積まなければいけないのか」を算出します。

適性予材単価が決まったあとで、「どの製品を、どんなお客様へ、もしくはどんな販路へ、どのような方法で販売していくのか」を考えていく、この手順がとても大切です。

プライスを後まわしにして、他の３Ｐ（プロダクト、プロモーション、プレイス）を先に考えると、「現状維持バイアス」がかかりやすくなります。

いわば、「自分がよく知っているお客様」「自分が扱いたい製品やサービス」「自分がこれまでやってきた販売方法」から市場活動（マーケティング）を考えてしまうと、「現状」から脱却することができなくなってしまうのです。

今と同じやり方、今と同じ考え方を起点にしている以上、「今」を超える成果を出すことはむずかしいでしょう。また、営業パーソンも「自分を主語にした営業活動」に終始すると、会社の方針が共有されなくなってしまいます。

予材管理は、必ず「事業目標」（プライス）から逆算する

「この商品を売るには、どうすればいいか」（プロダクト）、「このお客様に売るためには、どんな製品がいいか」（プレイス）、という発想を前提にしてしまうと、目標不足分を埋めることがむずかしくなることがあります。

製品やお客様を念頭にマーケティングを考えるのではなく、目標から逆算して、次のように考えていきます。

167

「自分の年間目標は5000万円だから、予材は２倍の１億円。管理できる適性予材量は50個が限界だから、１億円の予材を仕込むためには、適性予材単価は200万円になる」

　このように、まずプライスから考えるのです。
　平均適性予材単価が「200万円」と決まったあとで、そこから「扱う商品」と「アプローチするお客様」を絞り込んでいきます。
　この順番で考えることで、「10万円の商品を20個以上買ってくれる会社」という予材ポテンシャルの基準（種まき先、水まき先の基準）が決まってきます。
　適性予材単価が決まることによって、「予材ポテンシャルを持つ会社」が明確になり、その会社に対して、「どのような商品を訴求し、どのようにアプローチをすればいいのか」という、具体的な商品戦略やプロモーション戦略が構築されます。

プライスから逆算していく例

　82ページで説明した「スマートフォンアプリ」の場合で考えてみます。
「新規事業としてスマートフォンアプリを販売」する場合、はじめに考えるのは「プライス」（適性予材単価）です。

• プライス
　Aさんが社長から与えられた事業目標は「２億円」です。予材は、事業目標の「２倍」なので、「４億円」です。
　事業部のメンバーは４人です。営業１人がセルフマネジメントできる「予材保有個数」が50個だと、適性予材量は「200個」（50個×４人＝200個）になります。
　200個の適性予材量で、４億円の予材を積み上げるには、適性予材単価は、「200万円」になります（４億円÷200個＝200万円）。

第4章　予材管理を成功させる「マーケティング」の新常識

　適性予材単価が決まったら、「プロダクト（製品）・プレイス（販路・顧客）・プロモーション（販売促進）」を考えます。

• プロダクト

「何がつくりたいか」ではなく、「目標を達成するには、何をつくらなければいけないか」「どんな商品を選択するか」を考えます。

「こういうアプリをつくりたい。このアプリで目標を達成するには、どうしたらいいか」とプロダクトを先に考えるのではなく、「適性予材単価200万円を達成するには、どういうアプリを開発したらいいか」と、適性予材単価から逆算して、リリースするアプリを決めます。

　そうすれば、「都度課金モデル」（売り切りのアプリ）より、利用期間や利用状況に応じて定期的に料金を回収する「継続課金モデル」のアプリを扱ったほうが、実現可能性が高まります。

　たとえば、「ゲームアプリ」を「１人100円」で売り切ってしまうような課金モデルだと、薄利多売になりかねません。

「１人100円」の実績にしかならないため、適性予材量を圧倒的に増やさなければ、目標を達成することは不可能です。

　だとすれば、単発の「ゲームアプリ」ではなく、月額利用料を期待できる法人向けの「業務支援アプリ」を扱ったほうが、安定した売上を望めることがわかってくるのです。

「どうしてもゲームアプリをつくりたい」「ゲームアプリの開発が自社のモチベーションになる」と思うのであれば、次のように考えると得策です。

• 「業務支援アプリ」との２本立てにする

• 先に「業務支援アプリ」をリリースして、「時間的コスト」「経済的コスト」「精神的コスト」に十分な余裕ができてから、「ゲームアプリ」の開発に乗り出す

169

• プレイス

「業務支援アプリ」の月額料金を「1000円」に設定したとします。すると、1人当たり年間で「1万2000円」の実績です。

適性予材単価は「200万円」ですから、「業務支援アプリ」のターゲットは、「167人の社員がアプリを継続利用してくれる会社」＝「予材ポテンシャルのある会社」だとわかります（200万円÷1万2000円＝約167人）。

「167人の社員がアプリを継続利用してくれる会社」が接触先（「種まき」と「水まき」をする会社）の基準になります。

• プロモーション

適性予材量は「200個」ですから、普通に考えると200社（167人の社員がアプリを継続利用してくれる会社）の予材（1年以内に実績につながる予材）が必要で、予材資産はその5〜10倍ですから（54ジ参照）、10倍として「2000社」です。

2000社に当アプリを認知してもらい、さらに関心を持ってもらうには、その10倍以上のアプローチ先が必要です。そうなると、最低でも「2万社」が対象になってくるでしょう。

新規事業ですから「予材コンバージョン率」は予測できません。かなり多めのアプローチ先を想定することが大事になってきます。

飛び込み営業やチラシ配布、IT関連のイベントなどに出展したり、取引銀行に顧客を紹介してもらったりするなど、2万社以上にアプローチするために「経済的コスト、時間的コスト、精神的コストを、それぞれどれくらいかけるか」を逆算します。

プライス → プロダクト → プレイス → プロモーションの順で戦略を考えていくと、何をどのようにしなければならないか、役割分担や行動計画の細部が決まってきます。

このケースでは、経済的コストを潤沢に使い、大規模な広告を打って問合せを増やす施策を中心に、プロモーション戦略を練ることになるでしょう。

第4章 予材管理を成功させる「マーケティング」の新常識

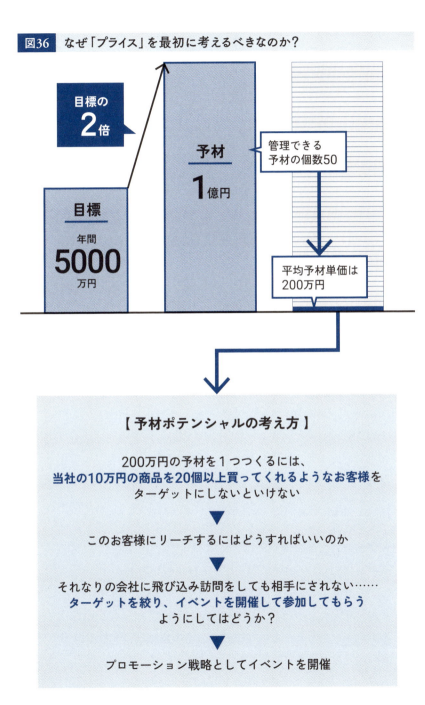

営業現場では、マーケットインより プロダクトアウトが正しい

ニーズを聞けても、そのとおりの商材を用意できるとは限らない

マーケティング戦略を考えるうえで、一般的には「**プロダクトアウト** [→244ページ]より、**マーケットイン**[→244ページ]が正しい」と考えられています。しかし、私は微妙に違う立場をとっています。

マーケットインは、お客様の真のニーズを理解し、そのニーズに沿った提案をするというスタイルです。

もしもこのマーケットインの発想を営業活動時に取り入れようとすると、そこには大きな落とし穴があります。お客様のニーズを聞けても、そのとおりの商材を用意できるとは限らないからです。

売る商材をその都度お客様に合わせてカスタマイズできるわけではありません。受注生産で仕事ができる業界も限られます。つまり、相手のニーズを聞いたとしても、結局は売る側の都合のいい商材を提案することになるのです。

たとえば、住宅メーカーのケースで考えてみましょう。

お客様から「こんな間取りにしてほしい」「こんな庭がほしい」「こんなデザインにしてほしい」「どうせなら屋根裏に収納スペースがほしい」といろいろニーズをいわれても、そのとおりの商品を提案して、本当にお客様が満足してくれるかどうかはわかりません。

「そこまでやってしまうとお客様の予算を大幅に超えてしまいます」「そのようなお庭をつくると維持が大変ですが、大丈夫でしょうか」「こういう間取りだと、家族団らんの場ができにくくなりそうです」などといわ

ざるをえないこともあります。

お客様が正しい知識、情報を持っているのならともかく、そうでないケースも多々あるからです。

私の場合も、数え切れないほど次のような相談を受けました。

「当社は営業力が弱いので、営業支援システムを導入したい。横山さんは日立製作所時代にＳＦＡ／ＣＲＭの設計開発、および導入コンサルティングを長くしていたと聞きます。当社にはどんなシステムが合いますか？」

こういうとき、私は多くの場合において、「システムを導入して営業活動の見える化、情報共有が促進されるのはとてもいいことです。しかし御社はＳＦＡなどのシステムを導入する前にやらなければならないことがたくさんあります」と提案しています。

営業はお医者さん（ドクター）と同じです。患者さんが「こういう症状なので、こういう薬を処方してほしい」といってきても、「薬を飲んで治る病気ではありません。できる限りはやく入院してください」などと、ドクターなりの所見で対処する必要があります。

お客様の満足度がアップするには、お客様が抱えている問題を解決することです。必ずしもお客様のニーズに応えることではありません。

「お客様の声を聞く」「お客様のニーズに合わせる」のは、「プロダクト開発」の段階の話です。

「○○のようなニーズを持っているお客様が世の中にはたくさんいて、このニーズに合ったプロダクトがあれば、これだけの予材がマーケットに存在する。だから△△のようなプロダクトを開発しよう」と意思決定するのです。

新しいプロダクト開発の段階でも「予材管理」の発想を用います。

予材管理導入事例インタビュー ④

アライ電機産業株式会社

- 事業内容：移動体通信事業／自動車電装事業／カー用品ショップ事業
- 組織規模：300〜1000人
- 対象：マネジャー
- 起こっていた問題点：①効率が悪い
  - ②目標が達成されない
  - ③自社の営業スタイルがブレている

……これまではどのような問題が起こっていましたか？

「移動体通信事業部では、携帯電話をはじめとする移動体通信を扱っており、携帯電話のキャリアショップを都内で運営しています。通信キャリアのブランド力に頼っている部分があり、キャリアからの施策によって目標の達成度合が左右される面がありました。

　また、個人向けのスマートフォンが出てきて、BtoCの店舗では、放っておいてもスマートフォンが売れるようになりました。いっぽうで、BtoBではスマートフォンへの切り替えがまだ一般的ではなく、法人営業部は苦労していました。

　そのうえ、法人営業部では個人的なばらつきもありました。つまり、『よいお客様がいれば達成できる』という状態です。しかし、その逆のケースも当然発生していたため、一部からは不満も出ていました。

　人によって、商材によって目標を達成する。この状態が極端でした。その状態から脱却したい。そして、脱却できる手法が予材管理だと思いました」

……予材管理を行なってみていかがでしたか？

「予材管理導入後、それまでは営業パーソンが個人個人で抱えていた案件も含めてすべてオープンにし、顧客1社ごとのミーティングを行ないました。すると、営業パーソンが仮説を立てられるようになっていった

のです。

　その仮説をアイデアのレベルで終わらせるのではなく、『実際の仕事』『お金』『成約』にするための行動を取り続けた結果、目標が達成できるようになりました。外部環境が大きく変化し、ＢtoＣの店舗では大幅に達成率を落としたとき、予材管理を導入している法人営業部だけは達成できたこともありました。

　成果が出ていない理由は『予材を積んでいないから』。『予材が積めていないのなら予材を積もう！』と、目標から逆算して先々の行動を取ることが当たり前になりました。

　他にも生まれた成果物はあります。予材管理を導入している法人営業部が人気部署になりました。理由は『余裕があるから』です。

　予材管理を行なうことで、その月の結果に一喜一憂することがなくなりました。万が一、単月の売上が目標達成していなかったとしても、予材管理シートを見て『予材を積めているから大丈夫。今期も達成できる！』といえる見通しが立ち、余裕ができたのです。

　残業も減りましたし、以前と比べ有給取得率もアップしました。また、新入社員に対して、『すぐに今月の実績につながらなくても、２年後の予材をつくれるようになったのなら、それは成果だ』と伝えられるようになりました」

……もし予材管理を導入していなかったら、どのようになっていたと思いますか？

　「業界が成熟期なので、『達成できてなくてもしかたないよね』という雰囲気になっていたのだろうと思います。業界の流れに一喜一憂していたのでしょうね。

　当社は現在、通信キャリアさんからのランクづけが『Ｓランク』です。予材管理導入前はＢランクでした。もし予材管理を導入していなかったら、Ｂランクのままだったのではないでしょうか。なぜなら、他社の様子を見ると、キャリアから与えられた指標の達成、未達成の差が大きく出て、明暗がはっきりと分かれている様子だからです。

　予材管理を行なうことで、営業における余裕ができます。短期的な考

えではなく長期的な視野での考え方ができることで、先々まで見わたせたり、これまでになかったアイデアが出てきたりするようになります。『目標を達成しないリスクを回避できる』。これは何よりの安心につながるのではないでしょうか」

Point

- ●仮説をアイデアのレベルで終わらせるのではなく、実際の「仕事・お金・成約」にするための行動に転化させた結果、目標が達成できるようになった。
- ●目標から逆算して先々の行動を取ることが当たり前になった。
- ●「目標を達成させるための道筋は1つだけではなく、いくつもある」ことがわかり、その道筋を考えられるようになった。
- ●短期的な考えではなく長期的な視野での考え方ができ、先々まで見わたせたり、これまでになかったアイデアが出てきたりするようになった。

予材管理導入事例インタビュー ⑤

株式会社skyマネジメントコンサルティング

- 事業内容：経営コンサルティング
- 組織規模：10人以下
- 対象：マネジャー
- 起こっていた問題点：①ただでさえ仕事が多い
- ②目標が達成されない
- ③自社の営業スタイルがブレている

……予材管理を導入したきっかけは？

「私たちは、アタックス・セールス・アソシエイツさんと同じように、お客様の財務支援や経営支援をしているのですが、「売上拡大」の支援において非常に苦労していました。

そんなとき、『横山さんという経営コンサルタントがいる』と紹介されたことがきっかけで、予材管理を知りました。それはもう、衝撃的でしたね。『業種・業態、さらには会社規模も関係なく使えるメソッド』だったからです」

……予材管理の優位性をどのように感じていますか？

「予材管理の特徴の１つに『再現性の高さ』が挙げられます。運で左右される要素が入らず、外部要因に依存しないのは、顧客の経営を見るうえで安心です。また、組織運営のすべての土台となる『お客様のところに行く習慣』と『考える習慣』が身につきます。この習慣がなければ、いくら表面的な理論を学んでも売上拡大はむずかしい。逆にいうと、土台さえできれば、何をやってもうまくいくと実感しています。『習慣』をあらためなければ、どんな戦略も機能しないと、予材管理を知ってはじめて気づきました」

177

……お客様にも予材管理を紹介しているそうですが、どんな反応がありましたか？

「横山さんに、『同業者ですが、予材管理を活用してもいいですか？』と質問させていただいたところ、あっさり、『いいですよ。どんどん広めてください』との返答をいただいたので、驚きました。

これは、われわれのお客様で、ホテルを運営する企業様のケースです。営業手法は広告での宣伝のみ。近隣に競合他社の新しいホテルができてしまい、顧客離れが進んでいました。

そのような中、予材管理の考え方に基づいてお客様と議論を重ねました。『2倍積むところからはじめましょう』『予材を書き出したからといって、絶対に契約を取ってこなければならないというわけではありません』『まずはやってみましょう！』……。何度も何度も伝え続けた結果、一度も新規開拓営業をしたことのなかった会社が、新規営業をするようになったのです！　あとから聞いたところ、『予材管理に基づき、会社の未来の売上について、はじめて論理的に考えた』とおっしゃっていました。そのときは本当に感動しましたし、予材管理は正しい道しるべになると確信しました」

……予材管理を活用し、どのような成果が生まれましたか？

「ひと言でいうと、問題となっている箇所が特定しやすくなりました。お客様はみんな、『もっと売上を拡大させたい』と思っています。しかし『売上は上げたいけれど、どうしたらいいかわからない状態』なのです。そうなったときに陥りがちなのは、商品のせいにしてしまうこと。でも、本当は商品のせいではないし、もっと営業パーソンができることはあるはずです。予材管理を正しく運用すると、『どこでつまづいているか』『どこでエラーが起きているか』が特定できます。問題の原因が明らかになれば、あとは解決に向けて、1つずつ対処していけばいいだけです。

予材管理は、会社にとって強固な財産になります。表面的な理論だけでは、売上は拡大しません。マーケティング理論などむずかしいことを学ばなくても、予材管理さえやれば営業の本質が学べて、メリットが大きい。運用・定着までは大変だとは思いますが、いざやると重要な財産

予材管理導入事例インタビュー

が得られると思います」

Point

- ◉ 予材管理を正しく運用することで、問題の箇所が特定しやすくなり、正しい解決策が見えてきた。
- ◉「お客様のところに行く習慣」「考える習慣」が身についた。

179

第5章

リスク分散と複利効果を実現する「予材管理5つ道具」

「予材管理5つ道具」を使って行動実績を見える化する

予材管理を実現、定着させるツール

予材管理の基本思想は「リスク分散」と「複利効果」です。

● リスク分散

企業として顧客戦略を策定し、その戦略と合致した「予材ポテンシャル」のあるお客様に対し、継続的に接点を持つことで予材資産を潤沢に形成し、「リスク分散」を図ります。
「今期、仕事をいただけるか」「今期、どれだけ受注できるか」という観点でお客様と接点を持つのではなく、「予材ポテンシャル」の基準を満たしている企業に対してアプローチしていきます。

また、「マーケティング・リーダーシップ・マネジメント（MLM）」の章で解説したように、マーケティングセクションが組織全体のマネジメントを主導することができれば、営業パーソンの成績がある程度均一化するため、個人スキルに依存した経営から脱却できます。
MLMと真逆のスタイルが、フルコミッションの営業スタイルです。契約を取れば取るほど個人に経済的報酬が与えられるが、社内に十分な教育も仕組み（データベース含む）もないため、属人的なスキルに依存することになり、売上を上げられる人と、そうでない人との差が著しく大きくなります。

● 複利効果

予材管理は、短期的な利益を得るためのものではありません。「予材ポ

テンシャル」のあるお客様への「水まき」活動を続けて、予材資産を蓄積していきます。

　予材資産が潤沢に膨らめば、ラポールを構築できたお客様から安定的に「収穫」ができます。同時に「拡張」も心がけると、さらに取引額が増えていきます。新規のお客様に対する「種まき」「水まき」も、手を緩めることなく継続します。そうすると、雪だるま式に「予材資産」が増えていくため、複利効果が期待できます。

「予材管理5つ道具」で視覚化していく

「リスク分散」と「複利効果」という予材管理の2つの思想を具現化、視覚化するために、ここからは、**予材管理5つ道具 [→244ページ]** を紹介します。

　本書で紹介する「5つ道具」は、私たちがコンサルティングするときに活用する標準的なシート類で、事業スタイルによって各種指標の内容、シートの組み合せは異なります。

【予材管理5つ道具】
①予材ポテンシャル分析シート
②KPIカウントシート
③予材配線図
④予材管理シート
⑤予材管理ダッシュボード

　それでは「予材管理5つ道具」を使いながら、予材管理が実現するまでの標準的な手順を解説します。
※「予材管理5つ道具」は「予材管理オフィシャルサイト」（https://www.yozai.biz/）からサンプルPDFをダウンロードできます。ご活用ください。

「予材ポテンシャル分析シート」で、「種まき」先を選定していく

「予材」を2倍に積み上げていくためのツール

「予材ポテンシャル分析シート」は、「予材ポテンシャル」を適切に見極め、事業目標の「2倍」に当たる予材を積み上げるためのツールです。

はじめに、顧客戦略（ターゲットイメージ）に合致したお客様の予材ポテンシャルを分析します。

既存のお客様であれば、「過去の取引実績」「推移」を加味しながら、将来のポテンシャルを予測します。

ここで「漏れ」が発生すると、今後のプロセスはすべて崩れてしまうととらえましょう。個人的な先入観は捨て、ポテンシャル数値のみを参考にして、「種まき」先の選定をします。

【予材ポテンシャルシート（重点顧客先用）の記入のポイント】
- **①目標額と予材の額を比較する**

各年度を前半期と後半期に区分し、事業目標、既存顧客見込み額合計、適正予材規模を記入すると、「既存顧客予材合計」が明らかになる。

事業目標から、既存顧客予材合計を引いた額が、「新規開拓必要予材」となる。

事業目標に対して、どれだけの予材が積まれていて、どれだけの予材を白地として新規に積む必要があるか（新規開拓必要予材）が確認できる。

- **②可能性を予測する**

各年度を前半期と後半期に区分し、お客様ごとに「ポテンシャル」「見

込み」「シェア」「白地」を記入する。

「シェア」は、「ポテンシャル」に対する「見込み」の割合で、この数値が、「種まき先」および商材ごとの「白地」を予測する目安となる。

● ③中長期的な展望を考える

中長期的に予材を積み上げられるように、「今後2年間」の「ポテンシャル」と「白地」を書き込む。

● ④過去の経緯を知る

ポテンシャルを推測するには、「過去の実績」「過去の経緯」を知ることが不可欠なので、過去5年間の売上実績も記入しておく。

● ⑤お客様を分類して記入する

重点顧客と、それ以外の既存顧客に分けて記述する。

重点顧客については、過去数年にわたる商材ごとの全体ポテンシャルと予材ポテンシャルを書き込む。

図37　予材ポテンシャル分析シート（重点顧客先用）

ABC株式会社　重点顧客先予材ポテンシャル分析　氏名：アタックス太郎

1. 目標額と予材の額を比較する

・各年度を前半期と後半期に区分し、目標予算、既存顧客見込み額合計、既存顧客の予算達成率、適正予材規模を記入すると、「既存顧客予材合計」が明らかになる。
・目標予算から、既存顧客予材合計を引いた額が、「新規開拓必要予材」となる。
・目標予算に対して、どれだけの予材が積まれていて、どれだけの予材を「白地」として新規に積む必要があるか（新規開拓必要予材）が確認できる。

目標予算（半期）
既存顧客見込み額合計
既存顧客の予算達成率
適正予材規模
既存顧客予材合計（※）
新規開拓必要予材

（単位：千円）

5. 訪問先を分類して記入する
・重点顧客と、それ以外の既存顧客に分けて記述する。
・重点顧客については、過去数年にわたる商材ごとの「全体ポテンシャル」と「予材ポテンシャル」を書き込む。

4. 過去の経緯を知る
・ポテンシャルを推測するには、「過去の実績」「過去の経緯」を知ることが不可欠なので、過去5年間の売上額も記入しておく。

No.	会社名	当社の商材		2009 前	2009 後	2010 前	2010 後	2011 前	2011 後	2012 前	2012 後	2013 前	2013 後
1	AAAA社	X材		4,050	4,230	3,980	4,420	4,220	4,010	3,970	4,430	3,879	4,323
		Y材		243	123	234	223	123	234	233	211	222	213
		Z材	その他	891	789	676	787	867	765	675	876	786	657
		合計		5,184	5,142	4,890	5,430	5,210	5,009	4,878	5,517	4,887	5,193
2	NNN社	X材		3,900	4,500	3,409	4,211	3,821	3,782	4,320	2,902	3,890	3,321
		Y材		112	123	123	123	111	134	123	122	98	126
		Z材	その他	0	0	0	0	0	0	0	0	0	0
		合計		4,012	4,623	3,532	4,334	3,932	3,916	4,443	3,024	3,988	3,447
3	LLL機械	X材		2,340	1,230	1,430	1,230	2,110	1,230	3,210	1,210	1,900	2,109
		Y材		0	0	0	0	0	0	0	0	0	0
		Z材	その他	0	0	0	12	234	123	342	213	355	234
		合計		2,340	1,230	1,430	1,242	2,344	1,353	3,552	1,423	2,255	2,343
4	DDD商事	X材		1,890	1,298	1,234	1,890	1,232	1,543	1,232	1,454	1,908	1,981
		Y材		111	121	154	124	231	221	254	243	324	324
		Z材	その他	0	0	23	123	45	235	231	234	231	224
		合計		2,001	1,419	1,411	2,137	1,508	1,999	1,717	1,931	2,463	2,529
5	HHH社	X材		1,897	2,314	2,134	2,312	1,564	1,987	1,876	1,987	1,921	2,134
		Y材		65	54	34	65	124	54	345	234	333	213
		Z材	その他	124	23	123	43	0	0	0	0	0	0
		合計		2,086	2,391	2,291	2,420	1,688	2,041	2,221	2,221	2,254	2,347
6	WWW社	X材		567	876	567	876	678	854	467	765	987	876
		Y材		564	453	453	345	765	456	764	567	1,211	1,023
		Z材	その他	0	0	0	0	0	123	231	231	111	132
		合計		1,131	1,329	1,020	1,221	1,443	1,433	1,462	1,563	2,309	2,031
7	JJ工具	X材		1,023	1,232	1,232	1,543	1,098	1,321	2,331	1,092	1,098	1,231
		Y材		0	0	0	0	0	0	0	0	0	0
		Z材	その他	0	0	0	0	0	0	0	0	0	0
		合計		1,023	1,232	1,232	1,543	1,098	1,321	2,331	1,092	1,098	1,231
8	KKKサービス販売	X材		0	0	234	1,324	1,234	1,567	1,876	1,986	2,100	2,311
		Y材		0	0	0	0	123	143	123	154	219	243
		Z材	その他	0	0	0	0	0	0	0	0	76	132
		合計		0	0	234	1,324	1,357	1,710	1,999	2,140	2,395	2,686
9	HHH工業	X材		890	987	987	932	987	943	972	987	998	1,012
		Y材		0	0	0	0	0	0	0	0	0	0
		Z材	その他	54	343	345	432	234	343	435	45	343	354
		合計		944	1,330	1,332	1,364	1,221	1,286	1,407	1,032	1,341	1,366
10	OOO興業	X材		874	987	865	875	853	862	864	862	786	897
		Y材		0	0	0	0	0	0	0	0	0	0
		Z材	その他	90	87	123	111	121	121	132	121	144	154
		合計		964	1,074	988	986	974	983	996	983	930	1,051
11	JJ工務店	X材		982	981	1,021	1,212	902	892	987	892	982	896
		Y材		0	0	0	0	0	0	0	0	0	0
		Z材	その他	132	112	123	121	143	121	145	143	103	143
		合計		1,114	1,093	1,144	1,333	1,045	1,013	1,132	1,035	1,085	1,039
12	KKK資材	X材		765	654	654	876	864	863	763	752	675	765
		Y材		124	154	121	165	121	90	102	121	87	80
		Z材	その他	0	0	231	0	89	0	124	0	108	132
		合計		889	808	1,006	1,041	1,074	953	989	873	870	977
13	GG工業	X材		456	423	543	456	465	865	897	854	787	897
		Y材		0	0	23	234	456	432	324	453	534	632
		Z材	その他	0	0	0	0	0	0	0	0	0	0
		合計		456	423	566	690	921	1,297	1,221	1,307	1,321	1,529
14	NNNN興業	X材		235	453	234	345	453	342	567	543	457	543
		Y材		432	324	453	346	567	564	456	676	786	861
		Z材	その他	0	0	0	0	0	0	0	0	0	0
		合計		667	777	687	691	1,020	906	1,023	1,219	1,243	1,404
	重点顧客先 合計			22,811	22,871	21,763	25,756	24,835	25,220	29,371	25,360	28,439	29,173
その他	重点顧客先以外の既存顧客（27社）	X材		7,890	8,765	8,972	8,734	7,843	7,432	7,043	7,532	6,874	6,432
		Y材		2,132	2,134	1,982	1,987	1,823	1,762	1,532	1,621	1,324	1,432
		Z材	その他	1,983	1,823	899	2,198	1,821	3,211	2,342	3,765	3,211	4,021
		合計		12,005	12,722	11,853	12,919	11,487	12,405	10,917	12,918	11,409	11,885

186

第5章　リスク分散と複利効果を実現する「予材管理5つ道具」

	2014		2015	
	前	後	前	後
	45,000	45,000	48,000	48,000
	40,785	39,860	41,385	41,510
	90.6%	88.6%	86.2%	86.5%
	90,000	90,000	96,000	96,000
	46,285	45,460	46,885	47,410
	43,715	44,540	49,115	48,590

(※重点先以外の既存顧客の白地を含まない値)

2. 可能性を予測する

・各年度を前半期と後半期に区分し、それぞれ「ポテンシャル」「見込み」「シェア」「白地」を記入する。

・「シェア」は、「ポテンシャル」に対する「見込み」の割合で、この数値が、各訪問先および商材ごとの「白地」を予測する目安となる。

2014 前				2014 後				2015 前				2015 後			
ポテンシャル	見込み	シェア	白地	ポテンシャル	見込み	シェア	白地	ポテンシャル	見込み	シェア	白地	ポテンシャル	見込み	シェア	白地
20,000	4,000	20.0%	1,000	22,000	4,200	19.1%	1,000	24,000	4,200	17.5%	1,000	28,000	4,300	15.4%	1,000
10,000	230	2.3%	200	10,000	240	2.4%	200	12,000	230	1.9%	200	13,000	240	1.8%	200
2,000	700	35.0%	300	2,500	650	26.0%	300	3,000	1,000	33.3%	300	3,500	1,200	34.3%	300
32,000	4,930	15.4%	1,500	34,500	5,090	14.8%	1,500	39,000	5,430	13.9%	1,500	44,500	5,740	12.9%	1,500
18,000	3,500	19.4%	0	18,000	2,700	15.0%	0	18,000	3,500	19.4%	0	18,000	2,700	15.0%	0
9,000	150	1.7%	100	9,000	100	1.1%	100	9,000	150	1.7%	100	9,000	200	2.2%	100
1,000	0	0.0%	100	1,000	0	0.0%	100	1,000	0	0.0%	100	1,000	0	0.0%	100
28,000	3,650	13.0%	200	28,000	2,800	10.0%	200	28,000	3,650	13.0%	200	28,000	2,900	10.4%	200
35,000	1,900	5.4%	200	35,000	1,900	5.4%	200	35,000	1,900	5.4%	200	35,000	1,900	5.4%	200
2,000	0	0.0%	100	2,000	0	0.0%	100	2,000	0	0.0%	100	2,000	100	5.0%	100
12,000	250	2.1%	100	12,000	250	2.1%	100	12,000	250	2.1%	100	12,000	250	2.1%	100
49,000	2,150	4.4%	400	49,000	2,150	4.4%	400	49,000	2,150	4.4%	400	49,000	2,250	4.6%	400
20,000	2,000	10.0%	1,000	20,000	1,900	9.5%	1,000	20,000	2,000	10.0%	1,000	20,000	2,200	11.0%	900
2,500	350	14.0%	0	2,500	230	9.2%	0	2,500	350	14.0%	0	2,500	230	9.2%	0
8,000	230	2.9%	100	8,000	240	3.0%	100	8,000	230	2.9%	100	8,000	240	3.0%	100
30,500	2,580	8.5%	1,100	30,500	2,370	7.8%	1,100	30,500	2,580	8.5%	1,100	30,500	2,670	8.8%	1,000
10,000	2,100	21.0%	500	10,000	2,000	20.0%	500	10,000	2,100	21.0%	500	10,000	2,200	22.0%	900
7,500	210	2.8%	100	7,500	200	2.7%	100	7,500	210	2.8%	100	7,500	200	2.7%	100
2,000	0	0.0%	0	2,000	120	6.0%	0	2,000	0	0.0%	0	2,000	120	6.0%	0
19,500	2,310	11.8%	600	19,500	2,320	11.9%	600	19,500	2,310	11.8%	600	19,500	2,520	12.9%	1,000
2,000	850	42.5%	0	2,000	900	45.0%	0	2,000	850	42.5%	0	2,000	900	45.0%	0
4,000	1,000	25.0%	200	4,000	900	22.5%	200	4,000	1,100	27.5%	200	4,000	1,200	30.0%	200
3,000	145	4.8%	0	3,000	120	4.0%	0	3,000	145	4.8%	0	3,000	120	4.0%	0
9,000	1,995	22.2%	200	9,000	1,920	21.3%	200	9,000	2,095	23.3%	200	9,000	2,220	24.7%	200
12,000	1,200	10.0%	100	12,000	1,200	10.0%	100	12,000	1,200	10.0%	100	12,000	1,200	10.0%	100
3,000	0	0.0%	100	3,000	0	0.0%	200	3,000	0	0.0%	100	3,000	0	0.0%	100
3,000	0	0.0%	0	3,000	0	0.0%	0	3,000	0	0.0%	0	3,000	0	0.0%	0
18,000	1,200	6.7%	200	18,000	1,200	6.7%	300	18,000	1,200	6.7%	200	18,000	1,200	6.7%	300
6,000	2,400	40.0%	100	6,000	2,400	40.0%	100	6,000	2,400	40.0%	100	6,000	2,400	40.0%	100
12,000	250	2.1%	100	12,000	250	2.1%	100	12,000	250	2.1%	100	12,000	250	2.1%	100
1,000	140	14.0%	0	1,000	140	14.0%	0	1,000	140	14.0%	0	1,000	140	14.0%	0
19,000	2,790	14.7%	200	19,000	2,790	14.7%	200	19,000	2,790	14.7%	200	19,000	2,790	14.7%	200
12,000	1,000	8.3%	300	12,000	1,000	8.3%	300	12,000	1,000	8.3%	300	12,000	1,000	8.3%	300
1,000	0	0.0%	0	1,000	0	0.0%	0	1,000	0	0.0%	0	1,000	0	0.0%	0
8,000	400	5.0%	0	8,000	400	5.0%	0	8,000	400	5.0%	0	8,000	400	5.0%	0
21,000	1,400	6.7%	300	21,000	1,400	6.7%	300	21,000	1,400	6.7%	300	21,000	1,400	6.7%	300
12,000	900	7.5%	100	12,000	900	7.5%	100	12,000	0	0.0%	100	12,000	900	7.5%	100
5,000	0	0.0%	100	5,000	400	8.0%	0	5,000	0	0.0%	100	5,000	400	8.0%	0
2,000	140	7.0%	0	2,000	140	7.0%	0	2,000	140	7.0%	0	2,000	140	7.0%	0
19,000	1,040	5.5%	200	19,000	1,440	7.6%	200	19,000	1,040	5.5%	200	19,000	1,440	7.6%	200
5,000	900	18.0%	100	5,000	900	18.0%	100	5,000	900	18.0%	100	5,000	900	18.0%	100
2,500	0	0.0%	0	2,500	0	0.0%	0	2,500	0	0.0%	0	2,500	0	0.0%	0
1,000	140	14.0%	0	1,000	140	14.0%	0	1,000	140	14.0%	0	1,000	140	14.0%	0
8,500	1,040	12.2%	100	8,500	1,040	12.2%	100	8,500	1,040	12.2%	100	8,500	1,040	12.2%	100
3,000	770	25.7%	0	3,000	770	25.7%	0	3,000	770	25.7%	0	3,000	770	25.7%	0
1,000	80	8.0%	0	1,000	120	12.0%	0	1,000	80	8.0%	0	1,000	120	12.0%	0
12,000	150	1.3%	0	12,000	150	1.3%	0	12,000	150	1.3%	0	12,000	150	1.3%	0
16,000	1,000	6.3%	0	16,000	1,040	6.5%	0	16,000	1,000	6.3%	0	16,000	1,040	6.5%	0
2,300	850	37.0%	0	2,300	900	39.1%	0	2,300	850	37.0%	0	2,300	900	39.1%	0
12,000	650	5.4%	0	12,000	650	5.4%	0	12,000	650	5.4%	0	12,000	650	5.4%	0
4,000	0	0.0%	0	4,000	0	0.0%	0	4,000	0	0.0%	0	4,000	0	0.0%	0
18,300	1,500	8.2%	0	18,300	1,550	8.5%	0	18,300	1,500	8.2%	0	18,300	1,550	8.5%	0
10,000	550	5.5%	100	10,000	650	6.5%	100	10,000	550	5.5%	100	10,000	650	6.5%	100
2,000	850	42.5%	200	2,000	900	45.0%	200	2,000	850	42.5%	200	2,000	900	45.0%	200
5,000	0	0.0%	200	5,000	0	0.0%	200	5,000	0	0.0%	200	5,000	0	0.0%	200
17,000	1,400	8.2%	500	17,000	1,550	9.1%	500	17,000	1,400	8.2%	500	17,000	1,550	9.1%	500
304,800	28,985	9.5%	5,500	307,300	28,660	9.3%	5,600	311,800	29,585	9.5%	5,500	317,300	30,310	9.6%	5,900
-	6,500	-	-	-	6,200	-	-	-	6,500	-	-	-	6,200	-	-
-	1,300	-	-	-	1,100	-	-	-	1,300	-	-	-	1,100	-	-
-	4,000	-	-	-	3,900	-	-	-	4,000	-	-	-	3,900	-	-
	11,800				11,200				11,800				11,200		

3. 中長期的な展望を考える

・中長期的に予材を積み上げられるように、「今後2年間」の「ポテンシャル」と「白地」を書き込む。

「KPIカウントシート」で、行動の量と質をチェックする

「KPIカウントシート」で、行動計画と行動結果を記録する

「KPIカウントシート」は、主に「種まき」「水まき」の実施計画と結果を記録するためのシートです。

KPIとは「key performance indicator」の略で、企業などの組織において、個人や部門の業績評価を定量的に評価するための指標のことです。

予材管理では、「お客様への接触回数」をKPIとしてカウントします。「予材ポテンシャル分析」で抽出したお客様をすべて並べ、次の2つを設定し、営業パーソン個人の感情、お客様の表面的な態度に振りまわされることなく、淡々と「水まき」を継続します。

- KPIインターバル……どれくらいの間隔で接触するか
- ミニマムKPIリミットカウント……最低でもいつまで接触を続けるか

「KPIカウントシート」の縦軸には、「お客様」を一覧にして並べます。

たとえば、予材ポテンシャル分析で、白地の候補として「500社」をリストアップできたとします。営業担当者が10人いたら、1人50社を割り振ります。この50社が「KPIカウントシート」の縦軸です。

さらに50社のお客様を、次のように2つに分けます。

- 水まき……一度でも接触（種まき）したお客様に対し、接触を繰り返

第5章　リスク分散と複利効果を実現する「予材管理5つ道具」

すこと

- **拡張……既存顧客に対し、さらに接触を続けること**

　横軸には、「日付」を入れます。1週間ごとに区分し、その週に接触するお客様のマスに「○（白マル）」を記入します。

　白マルは、その週の接触予定を示しているので「この週に、このお客様を担当している営業パーソンは、必ず接触する」ようにします。

　そして、実際に接触したら、黒く塗りつぶします。「水まき」の活動は、商談のための顧客訪問とは違います。「時間あたりの接触回数」が最大化するようエリアごとの移動経路を熟慮し、物流と同じ要領で行動計画を立てます。

　シートの上段には、「ＫＰＩインターバル」「ミニマムＫＰＩカウントリミット」という表記があります。

「ＫＰＩインターバル」は「接触頻度」のことです。

　法人相手の場合、「2か月に1回」は間を空けすぎなので、「1か月に1回」「2週間に1回」ぐらいがちょうどよいでしょう。用事もないのに1週間に1回の頻度は高すぎます。

　もし「1か月に1回」と決めたら、このルールどおりに接触を繰り返します。個人の判断で、インターバルを変えてはいけません。

「ミニマムＫＰＩカウントリミット」は、「どれぐらいお客様への接触を続けるか」を期間や回数で記します。

- **ＫＰＩインターバル……2週間**
- **ミニマムＫＰＩカウントリミット……「10回」**

　仮に上記のように設定した場合は、「2週間に1回の接触を10回続ける」という意味です。少なくとも「5か月間は接触を続ける」ことになります。

図38 KPIカウントシート

ABC株式会社　KPIカウントシート　氏名：アタックス太郎

1. 単位は「1週間ごと」にする

・縦軸には社名（部署や個人名を記す場合もある）、横軸には日付を入れる。
・訪問先は、セリングプロセスの「水まき」と「拡張」それぞれでリストアップする。

KPIインターバル：[2週間]

セリングプロセス	No.	会社名	住所	9/1〜7	9/8〜14	9/15〜21	9/22〜28	9/29〜10/5	10/6〜10/12	10/13〜10/19	10/20〜10/26	10/27〜11/2
水まき（種まき）	1	AAAA社	東京都港区芝	○		○		○		○		○
	2	JJ社	東京都港区芝浦	○		○		○		○		○
	3	YYY建設	東京都港区三田	○		○		○		○		○
	4	HHHH商事	東京都港区浜松町	○		○		○		○		○
	5	NNN社	東京都港区芝公園	○		○		○		○		○
	6	KKKソリューション	東京都江東区豊洲	○		○		○		○		○
	7	MMMサービス	東京都江東区豊洲	○		○		○		○		○
	8	IIシステム	東京都江東区豊洲	○		○		○		○		○
	9	LLL工務店	東京都江東区豊洲	○		○		○		○		○
	10	HHH工業	東京都千代田区丸の内	○		○		○		○		○
	11	UUU社	東京都千代田区丸の内		○		○		○		○	
	12	GGG社	東京都千代田区丸の内		○		○		○		○	
	13	DDD商事	東京都千代田区丸の内		○		○		○		○	
	14	OOO興業	東京都千代田区丸の内		○		○		○		○	
	15	EEEコンサルティング	東京都千代田区九段		○		○		○		○	
	16	WWW建設	東京都中央区銀座		○		○		○		○	
	17	HHH社	東京都中央区銀座		○		○		○		○	
	18	JJJJ社	東京都中央区銀座		○		○		○		○	
	19	BBB建設	東京都中央区銀座		○		○		○		○	
	20	GGGホーム	東京都府中市		○		○		○		○	
	21	WWW建設	東京都府中市			○		○		○		○
	22	QQQハウス	東京都府中市			○		○		○		○
	23	TTTサービス	東京都府中市			○		○		○		○
	24	VVV商社	東京都府中市			○		○		○		○
	25	JJ税理士事務所	東京都日野市			○		○		○		○
	26	YYY建設	東京都日野市			○		○		○		○
	27	HHHH商事	横浜市中区			○		○		○		○
	28	NNN社	横浜市中区			○		○		○		○
	30	MMMサービス	横浜市中区山下町				○		○		○	
	31	IIシステム	横浜市中区山下町				○		○		○	
	32	LLL工務店	横浜市中区本町				○		○		○	
	33	HHH工業	横浜市中区本町				○		○		○	
	34	UUU社	横浜市中区本町				○		○		○	
	35	GGG社	横浜市中区本町				○		○		○	
	36	DDD商事	横浜市中区本町				○		○		○	
	37	OOO興業	横浜市西区みなとみらい				○		○		○	
	38	EEEハウジング	横浜市西区みなとみらい				○		○		○	
	39	WWWビジネス	横浜市西区みなとみらい				○		○		○	
	40	HHH販売社	横浜市港北区新横浜				○		○		○	
拡張	1	FFF電機	東京都品川区大井	○		○		○		○		○
	2	JJ社	東京都品川区西大井	○		○		○		○		○
	3	YYY建設	東京都港区南青山	○		○		○		○		○
	4	HHHH商事	東京都港区芝	○		○		○		○		○
	5	NNN物流	東京都大田区西蒲田	○		○		○		○		○
	6	KKKソリューション	東京都大田区	○		○		○		○		○
	7	MMMサービス	東京都府中市	○		○		○		○		○
	8	IIシステム	東京都国分寺市	○		○		○		○		○
	9	LLL工務店	東京都調布市	○		○		○		○		○

3. 訪問結果を反映する

	No.	会社名	住所									
	30	MMMサービス	横浜市中区山下町				●		●		●		○
	31	IIシステム	横浜市中区山下町				●		●		●		●
	32	LLL工務店	横浜市中区本町				✕	社長の従兄弟の会社からの納入を優先するため、営業に来ない				
	33	HHH工業	横浜市中区本町				●		●		●		●
	34	UUU社	横浜市中区本町				●		●		●		●
	35	GGG社	横浜市中区本町				●		●		●		●
	36	DDD商事	横浜市中区本町				○		●		●		●
	37	OOO興業	横浜市西区みなとみらい				●		○		●		○
	38	EEEハウジング	横浜市西区みなとみらい				●		●		●		○
	39	WWWビジネス	横浜市西区みなとみらい				●		●		○		●
	40	HHH販売社	横浜市港北区新横浜				●		●		●		●

・実際に訪問をしたら「○」を「●」に変える（黒く塗りつぶす）。
・訪問の結果、予材がないことが明らかになったら、「✕」（バツ印）を入れて、その理由を付記し、訪問をやめる（白地を入れ替える）。

第5章　リスク分散と複利効果を実現する「予材管理5つ道具」

2. 行動基準を記入する

- 「どのくらいの間隔（KPIインターバル）で、最低限、どのくらい回数訪問し続けるか（ミニマムKPIカウント）」を記入する。
- 「KPIインターバル」と「ミニマムKPIカウント」が「何月何日に訪問するか」の基準になる。
- その週に訪問するお客様のマスに「○（白マル）」を記入する。

ミニマムKPIカウントリミット：[10回]

日付

11/3〜9	11/10〜16	11/17〜23	11/24〜30	12/1〜7	12/8〜14	12/15〜21	12/22〜28	1/5〜11	1/12〜18	1/19〜25	1/26〜2/1	2/2〜8	2/9〜15	2/16〜22	2/23〜3/1
	○		○		○		○		○						
	○		○		○		○		○						
	○		○		○		○		○						
	○		○		○		○		○						
	○		○		○		○		○						
	○		○		○		○		○						
	○		○		○		○		○						
	○		○		○		○		○						
○		○		○		○			○						
○		○		○		○			○						
○		○		○		○			○						
○		○		○		○			○						
○		○		○		○			○						
○		○		○		○			○						
○		○		○		○			○						
○		○		○		○			○						
	○		○		○		○		○		○				
	○		○		○		○		○		○				
	○		○		○		○		○		○				
	○		○		○		○		○		○				
	○		○		○		○		○		○				
	○		○		○		○		○		○				
	○		○		○		○		○		○				
○		○		○		○		○					○		
○		○		○		○		○					○		
○		○		○		○		○					○		
○		○		○		○		○					○		
○		○		○		○		○					○		
○		○		○		○		○					○		
○		○		○		○		○					○		
○		○		○		○		○					○		
	○		○		○		○				○		○		○
	○		○		○		○				○		○		○
	○		○		○		○				○		○		○
	○		○		○		○				○		○		○
	○		○		○		○				○		○		○
	○		○		○		○				○		○		○
	○		○		○		○				○		○		○
	○		○		○		○				○		○		○
○		○		○		○		○							

いでくれと社長自身から強く要望され、G課長も確認した。

○		○		○		○		○							
○		○		○		○		○							
○		○		○		○		○							
○		○		○		○		○							
○		○		○		○		○							

個人の判断で勝手に接触を中断しないようにします。

例外的に「接触をやめてもいい」のは、「期待した予材ポテンシャルがない」ことが判明した場合です。

たとえば、工場に施設する「配管」を売る営業がいて、「10メートル以下の配管の需要しかないところは種まき先から外す」と決めておいたとします。

何回か接触し、工場内を見せてもらったところ、「3メートル以下の配管の需要しかない」ことがわかったら、リストから外します。

いっぽう、接触する相手個人の反応が鈍くても、「水まき」は継続します。このケースでは、お客様は個人ではなく企業なので、予材を持っている企業と正しく向き合う必要があります。

【KPIカウントシートの記入のポイント】

・①単位は「1週間ごと」にする

縦軸には社名（部署や個人名を記す場合もある）、横軸には日付を入れる。接触先は、セリングプロセスの「種まき」「水まき」と「拡張」それぞれでリストアップする（「水まき」の1回目が自動的に「種まき」となる）。

・②行動基準を記入する

「どのくらいの間隔（KPIインターバル）で、最低限、どのくらいの回数で接触し続けるか（ミニマムKPIカウント）」を記入する。

「KPIインターバル」と「ミニマムKPIカウント」が「何月何日に接触するか」の基準になる。

その週に接触するお客様のマスに「○（白マル）」を記入する。

・③接触結果を反映する

実際に接触をしたら「○」を「●」に変える（黒く塗りつぶす）。

接触の結果、予材がないことが明らかになったら、「×（バツ印）」を入れて、その理由を付記し、接触を中断する。

192

「予材管理シート」で今期の予材を見える化する

「見込み」「仕掛り」「白地」を一元管理する

「予材管理シート」は、「見込み」「仕掛り」「白地」をシンプル、かつ一元的に管理するツールです。目標の2倍の予材を1年程度積み上げ、「見える化」していきます。

　正しく「予材ポテンシャル分析」をし、「ＫＰＩカウントシート」によって、「水まき」活動を十分に続けると、「予材資産」の中から「今期の数字に反映できそうな予材」が見つかります。予材が見つかったら、「白地」「仕掛り」「見込み」の順に記していきます。この「予材管理シート」は、営業パーソンが「1人1枚」作成します。
　マネジャーが「予材管理シート」を使うと、目標達成に向けた部下の活動を把握できるようになり、いっぽうで部下が使うと、自分の営業・マーケティング活動を常に見直すことができます。

「予材管理シート」の縦軸には「予材名（商品やサービス、案件の名称）」、横軸に「時間軸」を記入します。「既存顧客なのか、新規顧客なのか」も書き込んでおきます。

「白地」については、「白地に選んだ理由」「アクションプラン」を注記します。こうすることで、「白地」から「仕掛り」へと育てる活動を意識しやすくなります。
「見込み」のみならず「仕掛り」も「白地」についても、「何月に、いくらくらいの売上になりそうか」を予測し、その月のマスに金額を記入し

193

図39 予材管理シート

ABC株式会社　予材管理シート　氏名：アタックス太郎

1. 1年間の予材をすべて記入する

各接触先で見込まれる「1年間の予材」をすべて記入する。これにより、年間を見わたした営業・マーケティング活動ができるようになる。少なくとも、「半年分」の予材を書き込むこと。それよりも短い期間しか予材を管理できないとなると、営業・マーケティング活動が後手にまわりがちになり、中長期的な視点も得られない。

データ更新日
2012年10月10日
※随時、更新日を入力してください。

白地・仕掛 必要達成率	-15.1%	8.1%
	4月	5月
目標	29,000	30,000
実績	32,800	27,350
達成率	113.1%	91.2%
昨年実績	29,328	36,331

※適正予材規模は目標の【2倍】

適正予材規模	58,000	60,000

3. 訪問先と商材の中身を一覧にする

「白地」「仕掛り」「見込み」など、予材の種類別に担当訪問先をリストアップする。商材の内容も書き込んでおき、何をどこに、どう売っていくのか、一目でわかるようにする。

Index	確度	フォローモレフラグ	区分	対象名(顧客・商材・キャンペーン名)：CS	予材名：BS	4月	5月
01	C 白地(アイデア・決意表明)	8日経過	既存	主力得意先	決算特別企画	1,000	
02	C 白地(アイデア・決意表明)		既存	主力得意先	輸入商品の別注対応	2,000	
04	C 白地(アイデア・決意表明)		既存	主力得意先	営業立ち上げのA商品	3,000	3,000
05	C 白地(アイデア・決意表明)		既存	主力得意先	年初セール		
06	C 白地(アイデア・決意表明)		既存	全得意先	A商品専用ショールーム	300	300
07	C 白地(アイデア・決意表明)		新規	新規販売店	新規口座登録		2,000
08	C 白地(アイデア・決意表明)	8日経過	既存	A工業	A商品		
09	C 白地(アイデア・決意表明)	7日経過	既存	BC株式会社	案件の獲得	100	150
10	C 白地(アイデア・決意表明)	6日経過	既存	AAビジネス社	オリジナル商品		5,000
11	C 白地(アイデア・決意表明)	5日経過	既存	C建設	別注B商品（国産）	200	200
12	C 白地(アイデア・決意表明)		既存	AB電機	スポット商品		3,000
13	C 白地(アイデア・決意表明)	1日経過	既存	主力得意先	50周年記念企画		
14	C 白地(アイデア・決意表明)		既存	主力得意先	B商品新モデルの売上		
15	C 白地(アイデア・決意表明)		既存	主力得意先	新製品CCパネル		
16	C 白地(アイデア・決意表明)		既存	主力得意先	AA-111拡販		
17	C 白地(アイデア・決意表明)		既存	全得意先	新商品カタログによる売上		
18	C 白地(アイデア・決意表明)		休眠	休眠販売店	C商品		
19	C 白地(アイデア・決意表明)		既存	リース・レンタル業の顧客を持つ得意先	C商品		
20	C 白地(アイデア・決意表明)		既存	A工業東京	案件の獲得		
21	B 仕掛り(具体化・検討中)		既存	C株式会社名古屋	備品一式		
22	B 仕掛り(具体化・検討中)		既存	BC株式会社東京	BBB-1111,D-2222各91台		
23	B 仕掛り(具体化・検討中)		既存	C株式会社	BB-222*400台		
24	B 仕掛り(具体化・検討中)		既存	C株式会社関東	備品一式		
25	B 仕掛り(具体化・検討中)		既存	BC株式会社中四国	D商品一式	1,800	3,000
26	B 仕掛り(具体化・検討中)		既存	BC株式会社中四国	AA-555別張り*172台	1,000	
27	B 仕掛り(具体化・検討中)		既存	BC株式会社中四国	AAA-111各50台		
28	B 仕掛り(具体化・検討中)		既存	BC株式会社東京	AB-2222		
29	B 仕掛り(具体化・検討中)		既存	BC株式会社埼玉	別注B商品　コンテナ売り		
30	B 仕掛り(具体化・検討中)		既存	BC株式会社仙台	備品一式		
31	B 仕掛り(具体化・検討中)		既存	A電機	A商品、C商品どれか250台	2,800	3,000
32	B 仕掛り(具体化・検討中)		既存	C建設	CT-501*150台	5,000	5,000
33	B 仕掛り(具体化・検討中)		既存	ABCカンパニー	C商品　コンテナ売り	8,000	8,000
34	B 仕掛り(具体化・検討中)		既存	A工業	A商品の新カタログによる売上(新掲載品92点)		
35	A 見込み(予測・決定)		既存	AC設計東京	A商品*168台		2,000
36	A 見込み(予測・決定)		既存	AC設計	カタログ新掲載品効果		
37	A 見込み(予測・決定)		既存	AB電機	カタログ新掲載品効果		
38	A 見込み(予測・決定)		既存	CC興産株式会社	B商品売上	2,900	1,570
39	A 見込み(予測・決定)		既存	AB商事	別注什器	4,000	
40	A 見込み(予測・決定)		既存	ABCシステム	BB-222		
41	A 見込み(予測・決定)		既存	B商社	BB-222完成品*150台	2,400	2,400
42	A 見込み(予測・決定)		既存	C株式会社	C商品		
43	A 見込み(予測・決定)		既存	BC株式会社埼玉	AA-333*105台　他備品一式		
44	A 見込み(予測・決定)		既存	AC設計　本社	E商品*180台　E商品*500台	8,000	8,000
45	A 見込み(予測・決定)		既存	BC株式会社東京	B商品別張り*150台	4,300	2,000
46	A 見込み(予測・決定)		既存	BC株式会社札幌	BD商品*50枚　CD商品*100個	2,000	1,380
47	A 見込み(予測・決定)		既存	Aサービス	A商品、B商品、D商品、F商品の内どれか40台	1,900	5,000
48	A 見込み(予測・決定)		既存	CC興産株式会社	AA-111、BB-222、CC-333、DD-444 各40台	2,000	2,000
49	A 見込み(予測・決定)		既存	A電機	AA-111*50台　別注CC-333兼用タイプ*10台	1,300	2,000
50	A 見込み(予測・決定)		既存	BC株式会社高松	DD-444*89台案件	3,000	
51	A 見込み(予測・決定)		既存	C株式会社大阪　スペース事業部	C商品	1,00	1,000
					C(白地) 予材の合計	6,600	13,650
					B(仕掛り) 予材の合計	18,600	19,000
					A(見込み) 予材の合計	32,800	27,350
					予材合計	58,000	60,000
					適正予材規模との差	0	0

194

第5章 リスク分散と複利効果を実現する「予材管理5つ道具」

4. 目標との差を視認化

目標額と実績の差をグラフで確認できるようにすることで、常に目標値を意識させていく。

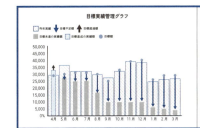

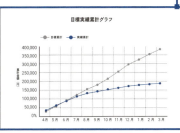

	(単位:千円)
	合計
	372,000
	180,760
	48.6%
	372,949

合計	次回活動 予定日	選定理由	具体的な活動内容と数値目標
27,000	10月2日	決算を迎えての最後のグループの企画に案件を取り込む。	10件エントリーにて10000(千円)の目標
12,300	10月15日	輸入商品の別注の案件もあるが、現状では対応が遅いので、体制づくりをする。	体制をのばすぐに行動に移る。
22,500	10月11日	得意先と打ち合わせをして、立ち上げられる商品ができる。	情報収集を蜜にする。 そして商品を立ち上げていく。
12,200	10月15日	年初に弾みをつける為に必要。	在庫過多の商材にて企画提案。
12,200	10月15日	現状、ショールームにA商品がないため現物を見てもらう事によって、注文にこぎつける。	1月中にショールームでの展示をして、月に2社以上の、販売店の集客を計る。
25,400	10月15日	現状の新規顧客ではボリュームがないため更に開拓必要	5社の新規顧客の獲得(月100万ぐらいの規模)
15,600	10月2日	A商品の仕入先が廃業のため、代行輸入にて売上確保。その他販売店にも拡販。	締変なる打ち合わせのもと立ち上げていく。
16,350	10月3日	営業の人数も多く案件も抱えている。	各支店の訪店回数を増やす。
21,000	10月4日	お客の希望する商品を立ち上げてオリジナルでやれば、先方も責任を持ってやってもらえる。	まず、体制づくりを整える。
19,300	10月5日	B商品の別注の要望が多いので何とかすればものになる。	価格が安く対応出来る国内工場をさがす。
29,900	10月15日	販売力はあるのでカタログ通販以外でも売上は見込める。	特価商材などの提案。
22,000	10月9日	何らかのアクションを起こさなければ現状打破出来ない。	7件エントリーにて5000(千円)の目標
21,000	10月11日	現状のC商品シリーズでは、品質と価格面で厳しいが、その点をクリアーしたものであれば売上が見込める	3社にターゲットを絞り攻める。
15,500	10月17日	久々のAの新商品で、売らなければならない。	5社のターゲット店に絞りPR活動をする。
15,500	10月17日	需要が見込める商品である。	PRする販売店を増やす。
48,000	10月15日	総合カタログ以外で年の途中に、新商品のカタログを出す初めてで、期待できる。	全販売店に洩れなくPRする。
9,000	10月21日	現状は売上が少ないが、会社の内容もよく伸びしろはやり方次第で十分あると考えられる。	3社にターゲットを絞り訪店回数を増やす。
15,260	10月11日	別注提案をして付加価値をアピールすれば見込みがある。	付加価値のある提案をする。
24,050	10月15日	本社は自社カタログの販売が主だが、東京はABC社のカタログで拡販してもらえる可能性あり	最低月1回の訪店と、オリジナル企画の提案
6,980	10月21日		
3,000	10月15日		
2,150	10月17日		
1,400	10月21日		
16,400	10月15日		### 2.「白地」の選定理由を明記する
7,500	10月21日		
14,850	10月11日		「白地」の予材については、「選定理由」「具体的
3,800	10月21日		なアクションプラン」「数値目標」を明記する。
28,500	10月15日		
5,600	10月11日		
13,300	10月15日		
33,200	10月15日		
36,400	10月15日		
6,100	10月21日		
20,000	10月11日		
6,000	10月17日		
200	10月17日		
9,270	10月17日		
4,000	10月11日		
800	10月11日		
9,600	10月11日		
0	10月21日		
15,900	10月11日		
59,200	10月11日		
7,100	10月17日		
9,510	10月17日		
7,280	10月21日		
4,000	10月21日		
7,600	10月21日		
3,300	10月17日		
17,000	10月21日		
384,060			
179,180			
180,760			
744,000			
0			

195

ます。

「予材管理シート」を使うと、「適正予材規模」と「予材合計」の差を確認することができます。予材が足りない場合は、予材合計から適正予材規模を差し引いた金額の欄がマイナスになります。予材管理シートに1つでもマイナスが出たら、予材の見直しが必要です。

【予材管理シートの記入のポイント】

• ①1年間の予材をすべて記入する

各接触先で見込まれる「1年間の予材」をすべて記入する。これにより、年間を見わたした営業・マーケティング活動ができるようになる。

少なくとも、「半年分」の予材を書き込むこと。それよりも短い期間しか予材を管理できないとなると、営業・マーケティング活動が後手にまわりがちになり、中長期的な視点も得られない。

• ②新規開拓のプランを明記する

「白地」の予材については、「選定理由」「具体的なアクションプラン」「数値目標」を明記する。

※選定理由は必ず「予材ポテンシャル分析」した結果を記すようにする。

• ③接触先と商材の中身を一覧にする

「白地」「仕掛り」「見込み」など、予材の種類別に担当接触先をリストアップする。

商材の内容も書き込んでおき、何をどこに、どう提案・紹介していくのか、を一目でわかるようにする。

• ④目標との差を可視化

目標額と実績の差をグラフで確認できるようにすることで、常に目標値を意識させていく。

「予材配線図」で「つながり」と「量」を明確にする

登場人物の関係性をA4・1枚に網羅する

「予材配線図」は、3C（自社：Company／販売チャネル：Channel／顧客：Customer）ごとに登場人物を表現し、「どの人物と、どの人物が、どのようなプロセスにおいてつながっているか」、そして、「そのプロセスの線（配線）がどのぐらいの量に達しているか」を表現したものです。配線とは、人と人を結ぶ線のことです。

とくに「組織to組織」で営業活動をする際は、この「予材配線図」を頭に入れることで、「予材コンバージョン率」をアップすることができます。

「予材配線図」は次の順番で描いていきます。

①セリングプロセスごとに活動内容を明らかにする

縦軸に、「種まき」「水まき」「収穫」「拡張」のそれぞれについて「どのような活動をしているか」を漏れなくすべて紙に書き出していきます。「種まき」として、飛び込み、電話、ホームページ、紹介の4つがあるとしたら、それらを書いていきます。「水まき」と「拡張」も同様ですが、今回は顧客先への能動的な「接触」とします。

「収穫」は、実際の商談を含むので、引き合い、商品説明、見積もり、提案、クロージングなど、活動の数が増えます。

以上の活動を洗い出す際には、その活動で得られる予材の件数の目安も書いておきましょう。

②登場人物を書き出す

　それぞれの活動について、「自社：Company」「販売チャネル：Channel」「顧客：Customer」における登場人物を書いていきます。

③登場人物を線でつなぐ

　登場人物を図中に配置し、互いの関係を線でつなぎ、活動内容を付記します。ホワイトボードでも、コピー用紙の裏でも、パソコン上でも、どこに描いてもいいでしょう。他社に見せるものではないので、自己流の書式でかまいません。

　たとえば「収穫」のところで、「製品カタログを持って行く」「見積もりを出す」「提案する」という３つの活動があるなら、その都度営業パーソンとお客様の間でやりとりが発生するため、「３本の線」を引きます。「見積もり」と「提案」に課長が同行するのであれば、「課長」に２本線を引きます。「提案」のときに顧客担当者の上司が出てくるのであれば、上司も図に載せて線を引いていきます。

　「予材配線図」が営業全員の頭の中に入っていると、誰もが「どのタイミングで誰と協力して、どういう行動をすれば、予材コンバージョン率を２倍積み上げるアップすることができるか」を理解しながら行動できるようになるのです。

　組織営業の「質」を上げるうえで、この「予材配線図」は重要な役割を担います。

【予材配線図の記入のポイント】

●①プロセスを組織ごとに明らかにする

　セリングプロセスを縦軸に、３Ｃ（自社、販売チャネル、顧客）を横軸に記入する。それぞれの枠内に、登場人物をすべて漏れなく記入する。

●②活動の実態を明らかにする

　登場人物の関係を線でつなぎ、活動内容を書き添える。

たとえば、自社の営業とお客様の担当者が「信頼関係を強くするための活動」をしているのであれば、2人の間を線でつないで、「ラポール強化」と書いておく。

• ③行動量を書く

予材を2倍にするために重点強化すべき行動があれば、「色づけ」をしておく。現状の行動量や理想の行動量を数字で記載すると、理解がさらに深くなる

• ④絶縁体を突き止める

完成した「予材配線図」はもちろん重要だが、それ以上に「描くプロセス」が大切。「調べた活動の数だけ線を描く」「全員で予材配線図をいっせいに描いてみる」ようにすると、これまで明らかになっていなかった問題が整理できてくる。

たとえば、「ホームページに届いた資料請求を、広報部から営業へ伝達する導線が決まっていない」「若手の営業が相手のキーパーソンと接触するとき、社長や営業部長と接触させるように線を引く者が少ない」など、組織内の「課題」「絶縁体」が浮かび上がらせることができる。

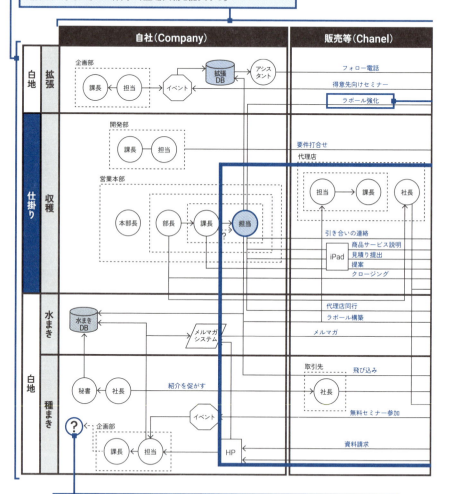

図40 予材配線図

第5章　リスク分散と複利効果を実現する「予材管理5つ道具」

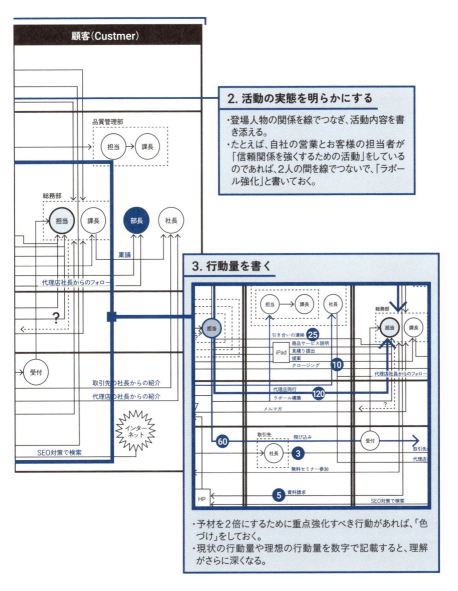

201

「予材管理ダッシュボード」で現状の行動を確認する

予材管理の各種「現状」を1枚のシートで確認する

「予材管理ダッシュボード」は、「予材ポテンシャル分析シート」「KPIカウントシート」「予材配線図」「予材管理シート」の情報をまとめて閲覧できるツールです。

このシートを使うと、営業・マーケティング活動の現状が「最適化されているか」「改善されているか」を視覚化できます。

経営者が、現状認識をするうえで役立つシートといえるでしょう。

「予材管理ダッシュボード」は、次の4つの表によって構成されています。

● **各種KGIの達成率（KGI：Key Goal Indicator）**
……「各種KGIの達成率」に記された指標は、「予材配線図」からピックアップしたものの中で、たとえば「イベント集客」や「他部署紹介アプローチ」といったキーとなる導線について、営業がどこまで取り組んでいるかを示す（事業スタイルによって、どの指標をKGIとしてピックアップするかは異なる）。

● **予材資産推移表**
……予材管理の取り組みをスタートさせ、しばらくして「売上」や「利益」といったわかりやすい結果が出ていないと、「このまま予材管理を続けていいのか」「当社にこのやり方は合っていないのではないか」と経営者は不安になっていく。

第5章　リスク分散と複利効果を実現する「予材管理５つ道具」

　経営者に不安を持たせないため、目に見える実績は出ていなくとも、「種まき」「水まき」を継続していることによって、「予材資産」が順調に蓄積されているのか、それとも期待に反して増えていないのかを「見える化」する。

「予材資産推移表」は、予材資産の数を示したグラフである。予材資産が着実に蓄積されていれば、営業・マーケティング活動の取り組みが正しいことがわかる。

●予材コンバージョン率の推移

……「白地」から「仕掛り」、「仕掛り」から「見込み」といった予材のコンバージョン率をグラフ化する。

　このコンバージョン率の推移から、予材の積み上げと予材達成に向けた活動が適切に進んでいるかを確認できる。

　ＣＶ率が低い場合は、営業個人の提案スキル、販促物の使い方、「予材配線図」などを確認しながら「組織を巻き込んだ活動ができているか」などに着目し、改善に取り組む。

●ＫＰＩ推移グラフ

……「種まき」「水まき」といった営業・マーケティング活動の活動量を時系列に可視化したグラフ。このグラフを用いることで、活動量をモニタリングできる。

「種まき」「水まき」の量はすべての基本。個人の判断で「水まき」を途中でやめてしまったりしていないか、などをこのグラフを定期的にチェックすれば、問題の予兆をつかむことができる。

203

図41　予材管理ダッシュボード

ABC株式会社　予材管理ダッシュボード　氏名：アタックス太郎

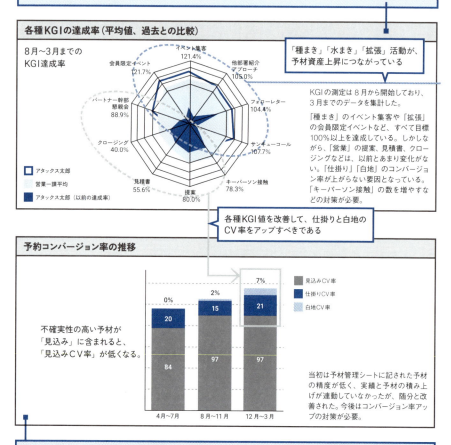

第5章 リスク分散と複利効果を実現する「予材管理5つ道具」

・予材資産推移表

予材資産の数を示したもの。予材資産が着実に蓄積されていれば、営業・マーケティング活動の取り組みが正しいことがわかる。予材管理の取り組みをスタートさせ、しばらくすると「売上」や「利益」といったわかりやすい結果が出ていない場合もある。「当社にこのやり方は合っていないのではないか」と経営者は不安になっていくが、そうならないように「種まき」「水まき」を継続していくことによって、「予材資産」が順調に蓄積されているかどうかを「見える化」する。

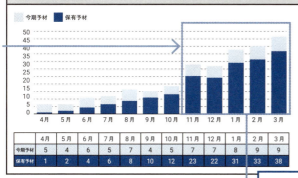

表向きの「実績」に振り回されることなく、予材ポテンシャルのある見込み客（予材資産）がストックされているかどうかに注目すべきである。

現時点でターゲットイメージに合致する予材資産が50社近くまで上昇しており、順調と考える。

「水まき」による単純接触が結実している

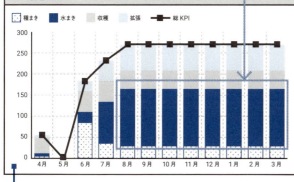

最初の4か月程度は総KPIをアップさせることが困難だったが、KPIカウントシートの導入後、「水まき」活動が安定化。安定して「220」の総KPIをこなしている。この活動が、予材資産の上昇に大きく影響した。

・KPI推移グラフ

「種まき」「水まき」といった営業・マーケティング活動の活動量を時系列に可視化したグラフ。このグラフを用いることで、活動量をモニタリングできる。「種まき」「水まき」の量はすべての基本。個人の判断で「水まき」を途中でやめてしまったりしていないか、このグラフを定期的にチェックすれば、問題の予兆をつかむことができる。

205

予材管理導入事例インタビュー ⑥

株式会社弘益 ホーム事業部

- 事業内容：家具の企画、輸入、製造販売
- 組織規模：30〜100人対象
- 対象：マネジャー
- 起こっていた問題点：①新規開拓ができない
  - ②目標が達成されない
  - ③自社の営業スタイルがブレている

······予材管理を導入しようと思ったきっかけを教えてください

「弊社は数年前に、『予材管理を導入したものの定着しなかった』という経緯があります。コンサルティング指導が終了し、コンサルタントの方の目がなくなると、いつの間にかやらなくなってしまったと聞いています。外部からの指導がなく、自分たちだけで運用していくには、むずかしかったそうです。私は当時、営業ではなく管理部門にいたので、アタックスさんからの指導を接受けていませんでした。ですが、セミナーには参加していたので、予材管理の考え方にはとても共感していたのです。

そんな折、2年ほど前に管理部門から営業部門を統括する立場になったので、そのタイミングに合わせて、予材管理をもう一度やってみようと思いました」

······予材管理を再度導入することに、反発は出ませんでしたか？

「書籍を読み、予材管理を学ぶ1日セミナーを私が受講したうえで予材管理を再度取り入れようとしましたが、うまくいきませんでした。うまくいかなかった理由の1つは、社内からの反発です。当然のことですが、『以前取り組んで定着しなかったのに、なぜ再び取り組むのか？』という意見が出ました。

そしてもう1つは、1日セミナーを受けたくらいでは予材管理の本質は理解できないということです。十分な理解をせずに導入しても、予材

管理は定着しません。

……社内からの反発に対して、どのように対処したのですか？

「前提として、営業部門では家庭用家具を扱っており、既存顧客から注文いただく定番商品の売上が全体の約9割にのぼります。

そして残り約1割は、営業パーソンがお客様にアプローチしてつくり出す別注案件での売上です。ホーム家具は市場が厳しく、既存顧客の売上も減少傾向にあり、新規顧客の開拓をしなければなりませんでした。

ですが、これまで既存顧客に依存しており、新しい顧客、新しい販路に対するアイデアが出ない状態になっていたのです。『このままでは、今後待ち受ける環境の変化に耐えられない。チームを建て直す必要がある』と、私と常務で社内の説得に乗り出したのです」

……予材管理の必要性を感じない営業パーソンもいたのでは？

「既存顧客に余力はなく、減少する売上を補填するためには、新規で仕事を取ってこなければなりません。とはいえ、新規の成約率の確度は低い。だからこそ、『事業目標の2倍の予材を積まなければ、予算は達成しない』といい続けました」

……予材管理を活用し、どのような成果が生まれましたか？

「共通言語ができたことはよかったですね。会議でも『予材』『白地』という言葉が飛び交っています。

そしてもう1つは、売上と行動の因果関係がわかるようになったことです。これまでは、『数字は達成したけど、その要因が何なのか明確ではない』という状態でした。『どの商材をどのように提案した。だから、売上が上がった。また売上が下がった』ということがわからなかったのです。

ですが今では、原因と結果が「見える化」されているので、『どこで、どんな売上をつくるのか？』『どこで新しい仕事をつくっていくか？』をみなが意識できるようになりました」

> **Point**
>
> ● 「予材」「白地」という言葉が社内の共通言語になった。
> ● 「どこで、どんな売上をつくるか？」「どこで新しい仕事をつくっていくか？」を意識した営業活動ができるようになった。

予材管理導入事例インタビュー

予材管理導入事例インタビュー ⑦

オプテックス・エフエー株式会社　オプテックスグループ株式会社

- 事業内容：ファクトリー・オートメーション用機器の企画開発・製造・販売
- 組織規模：100～300人規模
- 対象：マネジャー
- 起こっていた問題点：①効率が悪い
  - ②営業がずっと会社にいる
  - ③営業部門と他部門に溝がある
  - ④新規開拓ができない
  - ⑤若手の扱いに困っている
  - ⑥目標が達成されない

……予材管理を行なってみていかがでしたか？

「最初は『なんでこんなことをやらなきゃいけないんだ！』といった声も出て、みんな明らかに嫌がっていました。社内ではけっこう不満もあったようです」

……そういった意見があっても、予材管理をやり続けたのはなぜですか？

「それまで、営業部員がやることをやっても、予算の達成ができない状態になっていたのです。そんなとき、『この理論なら目標達成できる』と確信を持てた予材管理を導入しました。これが最後の砦だと思っていたので、『これでダメだったら、もうしかたがないんじゃないか』、そう思えるほど予材管理に賭けていました。社長もそれがわかっていたのか、一緒になって研修に参加してくれていました。しかも、口出しせず、急かさず、ずっと組織の状態を見守ってくれたのです」

……予材管理反対派がいる中で、組織が変わったきっかけは何ですか？

「『まず、3か月我慢してやろう』、そう声をかけて取り組みを続けまし

209

た。そのうち、『あれ？　もしかしてよくなってきている？』という手応えを感じはじめた人が少しずつ出てきたのです。

　大きなきっかけとなったのは、ある社員の存在です。じつは、その社員には少々手を焼いていました。しかし、元来は素直な性格だったんですね。『何をやったらいいかわからない』といっていた彼が、予材管理を導入して結果を出すようになり、劇的に変わりました。すると『あの人が成果を上げているのだから、自分にもできるのでは？』という空気が、組織の中で生まれたのです」

……予材管理を活用した結果、どのような成果が生まれましたか？

　「研修対象だった営業部門のみならず、営業企画室もその一助として『がんばらなければ！』と感化され、ＫＰＩを設定し、取り組みをはじめました。

　ほかにも、以前は開発部門がたびたび口に出していた『営業の責任』という言葉を聞かなくなりました。営業部門のがんばりを見て、『あれだけやっているのに売れないのは、営業の責任だけではない。われわれ開発部門の責任もある』というようになりました。

　お客様からも、『御社の営業マンは成長スピードがとても早い』『いったい何をしているの？』と聞かれるようになりました」

……予材管理を導入して一番よかった点は？

　「『成果につながっている』という自信を持てた点です。また、成約に至った成功事例を共有するなど、今では自発的に営業部員が情報交換をしています。

　これまでは、成果を上げたくてもどうしたらいいかわからなかったり、成功事例を隠していたりしたケースもあったようですが、現在はよいスパイラルができています」

予材管理導入事例インタビュー

Point

- 手を焼いていた社員が予材管理を導入後、劇的に変化した。組織の空気も変わった。
- 営業部門だけではなく他部署も感化され、好連携が生まれた。
- 行動が成果につながっている、という自信を持てた。

211

第6章

予材管理で実現する「ターンオーバー戦略」

なぜ、ブルーオーシャン戦略では強い経営ができないのか

ブルーオーシャン戦略が抱える「3つ」の問題点

　予材管理を導入し、「最低でも目標達成」が風土として定着した企業が、この先、さらなる成果を求めるのは当然のことです。そこで私は、こうした企業に「新たな予材を増やし、市場を活性化させていく」ための新戦略として、ターンオーバー戦略［→244ページ］を提唱しています。
「ターンオーバー戦略」は「競争が厳しいレッドオーシャンにあえて飛び込んでいく」という、いわゆるブルーオーシャン戦略の逆の発想です。

　ブルーオーシャン戦略は、フランスの欧州経営大学院教授のW・チャン・キムとレネ・モボルニュによって提唱された戦略です。競争が激しく、「血みどろ」の争いを繰り広げる既存市場（レッドオーシャン）を避け、競争のない未開拓市場（ブルーオーシャン）を切り開いていく経営戦略です。

- 既存市場……レッドオーシャン＝赤い海（血で血を洗う競争の激しい領域）
- 未開拓市場……ブルーオーシャン＝青い海（競合相手のいない領域）

　レッドオーシャンでは、各社がしのぎを削って、限られたパイを奪い合い、次第にコモディティ化（一般化したため差別化が困難となること）が進みます。この海域では、消耗戦を強いられるため、競合から抜け出すには、大きな経済的コストが必要です。
　いっぽうで、ブルーオーシャンは市場として未開拓なので、ライバル

図42　「ブルーオーシャン」と「レッドオーシャン」の違い

レッドオーシャン

既存市場

- 血で血を洗う
  競争の激しい領域
- 利益の伸びが小さい
- 市場の成長性が低い
- 自社の成長は停滞する
- 大きな経済的コストが必要

ブルーオーシャン

未開拓市場

- 競合相手のいない領域
- 利益の伸びが大きい
- 市場の成長性は無限大
- 自社の成長は
  加速度的に伸びていく
- ローコストで勝負できる

が存在しておらず、利益の伸びを期待できます。

　たとえば、任天堂のゲーム機「Wii（ウィー）」は、ブルーオーシャン戦略によって市場開拓に成功した事例だといわれています。「中高年など、これまでゲーム機に縁遠かった層に目を向けさせた」からです。

　しかし私は、「ブルーオーシャン戦略では、強い会社になることはむずかしい」と考えています。その理由は、主に「3つ」あります。

【ブルーオーシャン戦略では強い会社をつくれない理由】
①青かった海も「いずれ赤く染まる」から

　ブルーオーシャン戦略をとったとしても、競合のいない市場でビジネスを続けられるとは限りません。「後を追う者」が必ず登場するからです。

　新しい事業を切り開いたパイオニアは「先行者利益（ファースト・ムーバーズ・アドバンテージ）」を得ることができますが、後を追う者には、

アタッカーズ・アドバンテージ[→245ページ]があります。

　たとえば、「リーズナブルな機能性衣料という分野」を開拓したユニクロは、「先行者利益」を得ることができました。しかし、今は追われる身です。「リーズナブルな機能性衣料という分野」には、さまざまなアパレルメーカーが参入しています。競業他社が「アタッカーズ・アドバンテージ」を効果的に利用しているため、ユニクロが開拓したブルーオーシャンは、赤く染まってしまいました。

　アップルの「iPhone」も「携帯電話」という参入障壁の高い市場の中で、従来にないバリューを生み出しました。ですが、現在はアップル1強の時代ではなく、サムスン電子などの追従者たちが著しい成長を遂げています。

　また、初の商用インターネットを立ち上げたブラウザ「Netscape Navigator（ネットスケープナビゲーター）」は、1990年後半「Internet Explorer（インターネットエクスプローラー）に市場を奪われ、その後、強力な機能を備えたブラウザとして、「Firefox（ファイアフォックス）」や「Chrome（クローム）」が登場しており、現在は、「Chrome」にトップシェアを譲りわたしています。このように、先行者利益を守り続けるのは、容易ではありません。

②ヒット商品を100%予測することはできないため

　企業戦略として、新しい商品を創造し、競争がまだない世界を切り開くことも、もちろん必要です。ブルーオーシャンをめざして、既存製品の改良や、新しいコンセプトを持つ製品を考えてみることもときには必要でしょう。ですが、この戦略を成功させるためのハードルは、極めて高いと思います。なぜなら、どれほど膨大にお客様の主観的な意見やニーズをとらえ、調査・分析したうえで商品やサービスを開発しても、「期待どおりに売れない」ことがありえるからです。

　私は「絶対に売れる商品」「絶対成功する事業」はないと思っています。

万全を尽くし、「絶対に売れる」「必ず成功する」と確信を持って市場に投入しても、売れないときは売れないし、うまくいかないときはうまくいきません。

　もちろん、大ヒット商品は存在します。しかし、こうした成功法則は、「すでに成功した戦略」を整理して、後づけで説明しています。自社に応用できるとは限りません。ヒット商品の開発に依存する戦略は、再現性が乏しいため、大きなリスクがともなうのです（「絶対に上がる株はどれだ？」と予測するようなものです。予測の確率を上げることはできるため、リスク分散の考えが必要なのです）。

③「未開拓」として残されている市場が少ないため

　ブルーオーシャンは未開拓の分野のため、「やっていなかった（やれなかったも含む）」市場です。

　ブルーオーシャン戦略では、「新しい価値を提供できれば、無限の潜在的市場がある」と考えますが、さまざまなアイデアがビジネスモデル化されている現在では、「未開拓市場」は簡単には見つかりません。

　また、「競争が少なくて、先行者利益が得られる」ような領域（ニッチ市場）には、そもそも顧客が存在しない（予材ポテンシャルが足りない）ことも考えられます。

　ちなみに、プロダクト提供側からするとブルーオーシャン的に見えても、マーケット側がそのように認知しなければブルーオーシャン戦略はとれません。たとえば、「これまでの商品とは違うのです」とお客様にいちいち説明を要するような商品では、未開拓な市場を切り開くことができない、ということです。

「既存商品」と「既存市場」で予材を増やす「ターンオーバー戦略」

市場をつくり出すのではなく、競合相手を「ひっくり返す」

　付加価値の高い新商品を開発し、ライバルがいない市場を開拓するブルーオーシャン戦略は、極めて不確実性の高い戦略です。

　だとしたら、イノベーションを起こさずに、安定的に実績を上げられる成長戦略を選ぶべきです。

「安定成長」や「絶対達成」の実現に必要なのは、商品力を強化することではありません。「戦う力」――つまり営業力やマーケティング力を強化することです。

　強い営業・マーケティング力があれば、たとえ市場に競合他社がどれほどひしめいていても、勝機を手繰り寄せることができます。

　市場をつくり出すのではなく、競合相手をターンオーバー（ひっくり返す）しながら、市場を浄化させ、活性化させる。場合によっては、あえて成熟した既存市場（レッドオーシャン）を狙う。それが、ターンオーバー戦略です。

営業力さえあれば、業界の地図を塗り替えられる

「ターンオーバー戦略」の基本は、「すでに売れている商材、安定している事業に参入する」ことです。

「ターンオーバー戦略」は、商品力で差別化するのではなく、「営業・マーケティング力」で差別化を図ります。

　成熟した事業（市場）にあえて参入するのは、成熟市場の盲点を突くためです。

成熟市場の盲点とは、「安定した事業の上にあぐらをかき、経営努力を怠っている企業が多いこと」です。

差別化できない商材をあえて扱い、営業力だけで競合他社（あぐらをかいている企業）をひっくり返していくのがターンオーバー戦略の強みです。

ターンオーバー戦略で狙える業界

たとえば、商品ライフサイクルが成熟期に入りつつある業界は、ターンオーバー戦略をするうえでねらい目といえるでしょう。こうした業界では、成熟した業界の慣習に慣れ切って、営業努力をせずに現状を維持している企業がたくさんあります。実際に、多くの企業の現場に入ってコンサルティングしてきた私たちコンサルタントがいうのですから、間違いありません。

図43　成熟期のぬるま湯企業からシェアを奪う「ターンオーバー戦略」

ターンオーバー戦略……すでに売れている商材、安定している事業に参入する

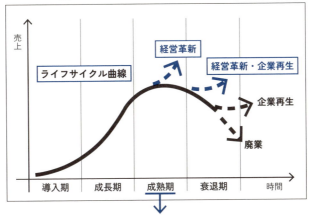

安定した事業の上にあぐらをかき、経営努力を怠っている企業が多い

ここを狙う！

したがって、自社の「営業力」を磨けば、オセロゲームで一気にコマをひっくり返すように、既存企業のシェアを奪うことができます。

　もちろん、営業力の強化はいうほど簡単ではありません。しかしヒットする新商品をつくることに比べれば、強い再現性があります。

　実際、予材管理を取り入れている企業の多くが、「市場をひっくり返す」だけの営業力を身につけつつあります。

　予材管理は、中長期的に予材資産を増やす手法です。1回でひっくり返すことができなくても、水をまき続ければ信頼関係が醸成され、「あぐらをかいている企業」を追い払い、市場を「浄化」することが可能です。

　過去の実績に「あぐらをかいている企業」は経営努力を怠っているため、お客様のためにもならないので、ターンオーバー戦略は、市場の健全な活性化としても意義が大きいと私は考えています。

「商品力」がある会社は弱いが「営業力」がある会社は強い

商品価値が同じ場合、親密度の高い人から購入する

　ブルーオーシャン戦略は、「商品力」で勝負します。ですが、「ターンオーバー戦略」では、商品力は二の次です。「営業・マーケティング力」で勝負をします。

　扱う商材が競合他社と同じだとしても、営業・マーケティング活動に注力し、何度もお客様とお会いしてラポール（信頼関係）を構築することができれば、商材に＋α（プラスアルファ）の優位性を持たせ、選ばれる商材、選ばれる人材、そして選ばれる企業になることができます。

　この事実を多くの企業が理解しているため、商品力に頼ろうとするのは理解できます。ただ、それで「理念経営」はできないのです。商品ではなく、あくまでもお客様の目線で物事を考えること、その目線の高さを全社員が持つこと、これが商品力を超えたお客様の支持を獲得できる源泉となるのです。

　パーソナルアプローチを軸とした「水まき」活動が、お互いの信頼関係の花を咲かせます。そしてその花を枯らさない限り、強い経営体質を維持することができます。本書が取り上げる「最強の経営」とは、お客様との関係性の強さに起因しているのです。

これからは「経験マーケティング」の時代

　商品やサービスそのものではなく、「経験」をイメージさせることで販売促進につなげる考え方は、「経験マーケティング」（経験価値マーケティング）と呼ばれます。

商品やサービスの物質的・金銭的な価値以上に、それらに付随する「経験（その商品やサービスを利用することで得られる効果や感動、満足感といった心理的・感覚的な価値）」を意識的にデザインするマーケティング手法です。この考え方はコロンビア・ビジネススクールのバーンド・H・シュミット教授などが提唱しています。

　商品の購入には、人間の感覚や情緒が大きく影響をおよぼしています。「経験マーケティング」では、お客様と正しく向き合い、「人間性」のある接し方をすることが大切です。

　営業パーソンがお客様のことを思い、一所懸命に正しい提案をしようとすると、その労力に感謝し、お客様もまた営業の気持ちに応えたいという「感情」を抱きます。この心理現象は「返報性の法則」と呼ばれます。

　お客様が、「何を買うか」よりも「誰から買うか」に重きを置くときがあるのは、「営業の喜ぶ顔が見たい」「営業を満足させたい」という人間心理が働くからです。

　お客様との信頼関係を構築し、感情に働きかける。あえて差別化できない商材（事業）を選んで、営業力を武器にひっくり返していく。そして市場を浄化する。それがターンオーバー戦略の真髄なのです。

感情を持たないＡＩでは「経験」を与えることはできない

　「ＡＩ（人工知能）やロボットの進化によって、それまで人がこなしてきた多くの仕事が置き換えられる」と考えられています。

　2015年12月に野村総合研究所が、「国内601種類」の職業について、それぞれ「人工知能やロボットなどで代替される確率」を発表しています。

　この研究は、オックスフォード大学のマイケルＡ.オズボーン准教授およびカール・ベネディクト・フレイ博士との共同研究によるもので、試算の結果、「10〜20年後に、日本の労働人口の約49％が、技術的には人工知能やロボットなどにより代替できるようになる可能性が高い」と推

計されました（参照：野村総合研究所ホームページ）。

「既存の職業の多くが、人工知能やロボットなどに置き換えらえる」というマイケルA. オズボーン准教授とカール・ベネディクト・フレイ博士の主張に、私は賛成でもあり、反対でもあります。

賛成する点は、「一般企業のマネジャーの90％以上は、ＡＩに置き換えることができる」と私は考えているからです。

マネジャーの仕事は、マネジメントサイクル（ＰＤＣＡサイクル）をまわすことです。目標から逆算して仮説を立て、計画を立案し、計画どおりに行動すること。そして定期的にチェックして、達成するまで計画案を修正し続けることです。

ＡＩの認知力、予測力、記憶力を活用すれば、蓄積された過去のビッグデータを参照して、問題解決、目標達成のための仮説を立案することなど造作もないことです。

部下の指導などを含めたすべての業務を置換することはできなくても、マネジメントサイクルをまわす仕事は、ＡＩで可能になるのではないでしょうか。

プレイングマネジャーが管理業務をＡＩに託し、プレイヤーに徹することができれば、会社の目標達成に大きく貢献するはずです。

営業の仕事は、ＡＩに置き換わることがない

いっぽう「営業職もＡＩに置換される」という論調もありますが、私はこの意見には反対です。「営業」は、単にお客様に商品の紹介をしているだけではないからです。

時間をかけて相手との心の距離を縮め、関係を築き、潜在的なニーズを聞き出していくプロセスが不可欠です。

営業は、クリエイティビティ（創造性）、ホスピタリティ（おもてなし）が複雑に絡み合った職業です。そして何より、お客様に「経験」を

与えることができる職業です。

　ＡＩには、お客様に「経験」を与えることはできません。「感情」を持たないからです。

　人間は感情で動く動物であり、必ずしもすべて「経済合理性」に基づいて意思決定するわけでありません。したがって、「感情」を持った営業パーソンが、「感情」を持ったお客様と向き合うことでしか変化しない心の作用もあります。

　なぜ「人間」が営業をするのか？　それは、お客様もまた「感情」を持った「人間」だからです。繰り返しお客様に接触し、正しく向き合い、信頼関係を築く仕事は、「感情を持った人間」にしかできないと私は確信しています。

ターンオーバー戦略なら マーケティングコストがかからない

新商品を普及させるには、莫大なマーケティングコストが必要

　ブルーオーシャン戦略では、新しい顧客ニーズを満たすための商品を開発できるかどうかが大きく問われます。しかし、仮に高付加価値の商品を開発できたとしても、それが市場に受け入れられるか（ヒットするか）はわかりません。

　新しいサービスや商品、ライフスタイルや考え方などが世の中に浸透する過程で、どのような価値観を持った人に受け入れられていくかを、社会学者であるエベレット・M・ロジャースは考察し、「５つのグループ」に分類しています。

　この分類による商品普及のプロセスを「イノベーター理論」と呼びます。

【イノベーター理論による５つのグループ】
- イノベーター（革新者）

……冒険的で、新しいものを進んで採用する人。市場全体の2.5％。
- アーリーアダプター（初期採用者）

……流行には敏感で、情報収集を自ら行なって判断する人。市場全体の13.5％。
- アーリーマジョリティ（前期追随者）

……新しいものの採用には比較的慎重だが、平均より早くに取り入れる人。市場全体の34.0％。
- レイトマジョリティ（後期追随者）

……周囲の大多数が使用していから同じ選択をする人。市場全体の34.0

％。

● ラガード（遅滞者）

……流行や世の中の動きに関心が薄い保守的な人。市場全体の16.0％。

　イノベーター理論では、新商品や新サービスがアーリーアダプターにまで浸透すれば（普及率が16％を超えれば）、急激に市場に普及していくと考えられています。

　アーリーアダプターは世間一般の考え方に近いので、この層に受け入れられると、次第にアーリーマジョリティにまで浸透していく、というのがロジャースの考え方です。

　しかし、たとえばハイテク業界では、アーリーアダプターに受け入れられたからといっても、アーリーマジョリティに浸透していくとは限らないと考えられています。「最新テクノロジーをいち早く手に入れたがる層」と、「流行が浸透してから手に入れたがる層」の間には大きな溝があるからです。この考え方を「キャズム理論（キャズムとは溝のこと）」といいます。

　アーリーマジョリティは慎重なので、「多くの人が持っている」という安心感を求めています。一部の人しか使っていない状況では、アーリーマジョリティの人たちに商品購入のきっかけを与えることにはなりません。したがって、ブルーオーシャン戦略では、「キャズム（溝）」を超えるために（とくにハイテク商品を普及させるには）、テレビＣＭなど広告の大量投下や、販売促進のキャンペーンなどを行なっています。そのため、莫大なマーケティングコスト（経済コスト）が必要になるのです。

　いっぽうのターンオーバー戦略は、ブルーオーシャン戦略とは異なり、「アタッカーズ・アドバンテージ」を基本とした戦略です。

　初期市場からメインストリーム市場（アーリーマジョリティ以降の市場）への移行を阻害する「深い溝」に悩まされることもありません。さらに、すでに認知された市場、すでに成熟した市場を「ひっくり返せばいい」ので、市場を開拓するためのマーケティングコストがかかりませ

ん。

　後を追う者は、先駆者が投じたコストをかけずに市場に参加することができるのです。

日本人は「イノベーティブな発想」が苦手

　ブルーオーシャン戦略を成功させるには、イノベーティブな発想が必要です。ですが、日本の社会環境は、スティーブ・ジョブズやイーロン・マスクのような稀代のイノベーターを生み出す素地が十分には整っていない、と私は感じています。その一因として、日本の学校教育が「長所を伸ばす」のではなく「短所克服」型の教育であり、その結果、才能が画一化、平均化されてしまうこともあります。

　しかし、「ターンオーバー戦略」であれば、イノベーティブな発想に頼らなくても事業を拡大していけるのです。「今、すでに市場に浸透している事業をひっくり返すだけでいい」からです。

図44 「イノベーター理論」と「ターンオーバー戦略」の関係

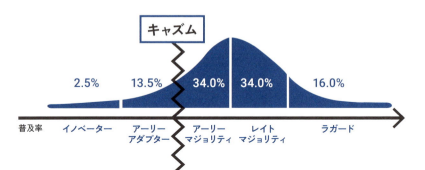

テレビCMや広告の大量投下など、莫大なマーケティングコストが必要

「キャズム」と呼ばれる大きな溝を越えるかどうかが、普及につながるかどうかのカギ

ブルーオーシャン戦略

・新しい顧客ニーズを満たすための商品を開発しなければならない

・アーリーアダプターに受け入れられたからといっても、アーリーマジョリティに浸透していくとは限らない

ターンオーバー戦略

・すでに認知された市場、すでに成熟した市場を「ひっくり返せばいい」

・先駆者が投じたコストをかけずに市場に参加することができる

アタッカーズ・アドバンテージを得る

ターンオーバー戦略に適している事業、適していない事業

「パーソナルアプローチ」を基本に戦略を考える

　ターンオーバー戦略に適しているのは、次の特徴を持つ事業です。

①パーソナルアプローチで戦える事業
　……日用雑貨や食品などの一般消費財のように、マスアプローチに依存するビジネスは、ターンオーバー戦略には向いていません。マスアプローチは不確実性が高いからです。
　ターンオーバー戦略は「人」で差別化を図る戦略なので、パーソナルアプローチを中心に、「地道」に戦える市場が適しています。

②「既知」の商材やサービスがある事業（市場が成熟されている事業）
　これまでになかった独創的な商材の場合、リターン（認知、関心、行動）を得るまでにコストがかかります。
　しかし、すでに競合他社が市場を開拓し、一般的に「認知」されている商材やサービスであれば、初期市場を開拓する労力をかけずに戦いを挑むことができます。

③ B to B の事業
　B to B は「組織 to 組織」になるため、比較的、営業パーソン個人のスキルに依存せずに予材を増やすことが可能です。
　保険や住宅、自動車などの個人向けの商材──B to Cの場合は、営業パーソンの「人間力」が問われやすいため、徹底した人材教育が必要です。とはいえ、社員教育に腐心しても、営業全員をトップセールスに育

てるのは、容易ではありません。

④ポテンシャル分析が容易な事業

お客様が、自社とライバル会社の両方から商材を納入している場合、それぞれのシェア（自社とライバルの専有率）が事前に判明していると、「予材ポテンシャル分析」が容易です。「予材資産」をどのように積み上げていくか、戦略の立案も簡素化します。

⑤商談リードタイムが短い事業

B to C よりも B to B（組織 to 組織）のほうがターンオーバー戦略には向いています。しかし、B to B の営業活動は商談のリードタイムが長くなりがちです。できるだけ「わかりやすい商材（認知度の高い商材）」を扱ったほうが「認知」から「関心」「行動」へのプロセス時間を短縮できるため、ターンオーバーしやすくなります。

⑥参入障壁が低い事業

たとえば、電力やガス、自動車、製薬会社のように、商品開発やブランディングに莫大な先行投資が必要な業界は一般的に参入障壁が高くなっているので、ターンオーバー戦略に適していません。すでに出来上がっているものを販売する事業や、商品開発にそれほど大きな資本力を求められない I T 企業などは、比較的参入障壁が低いといえます。

⑦地域密着の事業

全国展開の事業よりも、ある「地域」に限定して営業・マーケティング活動を継続したほうが、比較的スピーディに事業を軌道に乗せることができます。ターンオーバーしていく中で「お客様の声」を拾うことができるため、「お客様は何を求めているのか」という地域性を知ることができます。

⑧競合他社が存在する事業

安定した「競合他社がある」ということは、「マーケットが確実に存在している」ので、不確実性が低くなる傾向があります。

また、競合他社を徹底的に研究できることも利点です。競合他社の「長所」は自社でも取り入れ、「短所」は改善して自社の「長所」に変えることができます。

ターンオーバー戦略のデメリット

ブルーオーシャン戦略は、イノベーティブな発想を具現化した商品を市場に投入するため、ニュース性があります。また、「iPhone」などのように、爆発的な結果を望むことができます。

いっぽう、ターンオーバー戦略は、既存の市場の中で「ひっくり返して」予材を増やすため、爆発的な結果を望むことはできません。また、パ

図45　ターンオーバー戦略に適している事業の一覧

① パーソナルアプローチで戦える事業

②「既知」の商材やサービスがある事業（市場が成熟されている事業）

③ B to Bの事業

④ ポテンシャル分析が容易な事業

⑤ 商談リードタイムが短い事業

⑥ 参入障壁が低い事業

⑦ 地域密着の事業

⑧ 競合他社が存在する事業

ーソナルアプローチを地道に繰り返す戦略なので、ニュース性が低く、メディアに取り上げられにくいともいえます。注目されることが好きな経営者にとっては、あまり楽しくない戦略ともいえるでしょう。

予材管理導入事例インタビュー ⑧

株式会社小谷穀粉

- 事業内容：お茶、雑穀類の製造販売事業
- 組織規模：200人
- 対象：マネジャー
- 起こっていた問題点：①目標接待があいまい
  - ②目標が達成されない
  - ③新規開拓の意識が低い

……これまではどのような問題が起こっていましたか？

「目標が達成できないという以前に、そもそもの目標設定があやふやでした。以前は業績が好調で、既存のお客様から問合わせをいただき、御用聞きだけで業績が伸びていたので、新規開拓などはほとんどできていませんでした。そのため、競合他社の参入や市場の変化など、状況が変わり、どんどん業績が下降していきました。

　業績が下降していくと、目標が達成されないのは『商品力』のせいだと営業たちが言い訳するようになりました。これまで『商品力』で勝っていた、というにもかかわらず……」

……導入前、社内の状況はいかがでしたか？

「営業部門と製造部門に溝がありました。御用聞き営業だったので、お客様の要望をそのまま持ってきて、製造に丸投げしていましたから。これでは当然うまくいきません。また、いくら営業が新商品のアイデアを出しても、その商品の販売目標があやふやなので、製造は場当たり的に対応するしかありませんでした。製造部は社内の効率化に意識が向いていたので、営業の要望に向き合おうとしないことも多くありました。製造にお客様目線が欠けていたのだと思います。このようなこともあり、営業は製造がつくった商品を売ろうとしませんでした。

　時代背景に助けられなんとか成り立っていましたが、新規開拓が進む

とは決していえない状況でした」

……予材管理を導入したきっかけを教えてください

「私自身、製造畑出身ですが、売上が芳しくない原因を『商品力』のせいにするのは違うという想いがありました。そんな矢先、予材管理のセミナーに参加したとき、『今まで自分が言語化できなかったことをいってくれた！』と感じました。

　その後、東京営業所を開設したこともあり、全員が新しい共通のものさし（＝予材管理）を持ったほうがいいと思い、導入を決めました」

……実際に予材管理を行なってみていかがでしたか？

「最初は不満も出ていました。とくに中途採用した社員からは『俺たちの営業力を信用していないのか？』『なぜ外部のコンサルタントに頼るのか？』などの声もありました」

……反発がある中、どのように浸透していったのでしょうか？

「このタイミングで変化したとか、大きな出来事があったというわけではありません。気づいたら、社員がしっかりと予材管理を活用していた感があります。コンサルタントのみなさんが現場に入り、きちんとできているかどうかを常にチェックしてくれていたからだと思います。営業と話すと、予材管理の話が会話の中に当たり前のように出てくる状態になりました。全員に定着したな、と感じたのは導入から１年ぐらい経ったころだと記憶しています」

……予材管理を活用し、どのような成果が生まれましたか？

「一番の成果は、これまで目標達成できなかった人が達成するようになったことです。営業が行くべき先に入っているかどうかが見える化できるようになったことも大きいと感じています。

　これまでは目標達成しない原因を『商品力』のせいにしていたのですが、予材管理を活用することで営業が行くべき先（予材ポテンシャルが

ある先）を正しく選定しているか、きちんと行くべき先に行っているか、途中でやめることなく定期的に接触を続けているかなどを考えるきっかけになりました。また導入時は中途採用の営業から反対がありましたが、予材管理が定着したあとは新卒・中途採用にかかわらず、当たり前のように予材管理がなじんでいます」

……予材管理を活用するコツやノウハウ、意識している点を教えてください

「トップも『予材管理5つの道具』を見ているという姿勢を示すことです。予材管理シートに書いている内容を見て、社員と会話することを心がけていますね。ただ社員にだけやらせて放置ではなく、社長の私も定期的に確認しています。それに、私も社長として私が会うべき人をKPIカウントシートで設定してやっていますからね」

Point

- ● ポテンシャル分析を活用し、「行くべき先」「会うべき人」への継続的な接触に成功。
- ● 営業活動が見える化され、組織内のコミュニケーションが活発になった。
- ● 予材管理が組織の共通言語となり、企業の行動のブレない軸となった。

おわりに

会社経営にとって合理化、最適化、効率化よりも大切なこと

　目標を掲げ、達成するためには、何事にも最低限必要な時間があります。たとえば、社会保険労務士の資格を取得するには、おおよそ「1000時間」の勉強が必要だといわれています。しかし、当然のことながら個人差があり、「800時間」で合格する人もいれば、「1300時間」かかる人もいます。

　いずれにしても、社労士の資格を取ろうとしている人にとって優先すべきことは、「勉強時間を短くする」ことではなく、「何時間かかろうが試験に合格する」ことです。合格しないうちは、どれぐらい勉強時間を費やしたら合格できるのかがわからないからです。

　経営も同様であり、重要視すべきなのは、経営理念を実現させるために「事業目標を達成する」ことです。
「労働時間の改善」も経営の「効率化」も大切ですが、まずは立てた事業計画を達成させることが先。どれぐらいのコスト（経済的コスト、時間的コスト、精神的コスト）が必要なのか、達成するまではわからないわけですから、わからないうちから「時短」を考えることができないのです。

　私がコンサルティングをするとき、常に重要視しているのは、「手順」です。世間では、次のような意見を多く見受けます。

「働き方を改善させて長時間労働を是正すれば、ワーク・ライフ・バランスが改善し、労働参加率（働く意志を表明している人の割合）の向上に結びつく」

「単位時間（マンアワー）当たりの労働生産性向上にもつながる」

　大局的に見ると、整合性が取れていると思います。

　もちろん、ワーク・ライフ・バランスの改善が必要なことは、経営者たちも承知しています。

　しかし、物事には順序があります。企業にとっては、「現業を安定化させることが最優先」。「働きながら私生活も充実させられる」ように職場環境を整えるのは、その後からです。

強くなければ、やさしくなれない

　私は、企業の財務健全化のために、経営目標を「最低でも達成させる」ことを主眼としたコンサルティングをしています。したがって、「とにかく結果を出す」という姿勢は大前提にあります。

　まずは「目標を達成させる」。それ以外のすべての経営課題を解決するのは、事業目標を達成させた、その後です。それが経営の本質ではないでしょうか。

　会社経営にとって、「やさしさ」は必要です。社員に長時間労働を強いてはいけません。そして、社員の犠牲のうえに成り立つ経営など、あってはなりません。ですが、強くなければ、やさしくなれないのです。「人にやさしい会社」をめざすのであれば、本業で「絶対に目標を達成する」「最低でも目標を達成する」という強さを持つべきです。「人を大切にすると、業績が上がる」のではなく、「業績が上がるから、雇用を守れるし、人を大切にできる」のです。

　経営におけるやさしさとは、「強さ」であり、「強さ」とは、「最低でも目標を達成する」ことともいえます。

237

最後に、予材管理を導入して企業風土を変革させた、本書に登場する実践企業の皆さまに深謝します。そして何より、執筆にあたって、日本実業出版社の編集部のみなさま、そして藤吉豊さまに多大なご協力をいただきました。この場を借りてお礼を申し上げます。

　本書が、そして予材管理が、「会社を強くする」源泉となることを願ってやみません。

2017年12月

横山信弘

「予材管理」用語集

予材管理
　事業目標の2倍の材料を積み上げた状態で営業・マーケティング活動をすること。目標未達成のリスクを回避するために目標の2倍という大量の「予材」を仕込む。予材とは、「予定材料」の略語。

予材ポテンシャル
　将来的に自社が取引できる可能性のある予材の総量。

営業利益
　売上高からコスト（人件費や材料費、広告宣伝費など）を差し引いたもの。本業で稼いだ利益をあらわす。売上高がよくても、経費がかさむと営業利益は少なくなる。

経常利益
　営業利益に受取利息などの営業外収益を足し、銀行に支払う借入利息などの営業外費用を差し引いたもの。会社の事業全体の利益をあらわす。本業が順調でも、借入金の返済や利息負担が多いと少なくなる。

当期純利益（最終利益）
　経常利益に、本業とは関係のない土地の売買などで発生した特別利益や特別損失を足したり引いたりし、そこからさらに税金を差し引いたもの。臨時の損益を含めた最終的に会社に残るお金をあらわす。

見込み
　具体的なお客様・マーケットから確実に数字を見込める材料。「前期に口頭で内示をもらっている」「毎年決まった時期に追加発注がある」など、

確実に計算できる予材。「見込み」に設定された予材は、原則的に「100％実績につながること」が前提条件。

仕掛り

具体的なお客様に対し、実際に見積もりや提案書を出し、受注へ向けて仕掛けている材料（一般的な案件、商談に当たる予材）。

お客様の顕在的なニーズが発生しており、提案する商品が決まっている、もしくはお客様が興味・関心を抱いてくれている状態のこと。

白地

その名のとおり、「真っ白」な状態の予材。「予材ポテンシャル」があり、今期チャレンジしたい材料。新規顧客の材料もあれば既存顧客における新規材料もあるが、いずれもまだ仕掛かっていない。「仕掛り」と違って、「白地」は、お客様もまだ認識していない「仮説」。

案件（商談）管理

すでに発生している案件・商談を見える化して管理すること。

予材管理

まだ発生していない材料（白地）をもあらかじめ積み上げ、見える化して管理すること。

ラポール（信頼関係）

臨床心理学の用語。クライアントと相互に信頼し合い、「安心・安全の欲求」が満たされている状態を「ラポールが構築されている」と呼ぶ。

予材コンバージョン率

「白地」から「仕掛り」へ、「仕掛り」から「見込み」への推移をあらわす数字（適正予材規模を算出するための「適性予材コンバージョン率」とは異なる）。

完璧主義と達成主義

完璧主義者は目標はゴールとして考えてしまうため、「目標はめざすもの」ととらえる。いっぽう達成主義にとって目標は通過点。「目標は最低でも超えればいい」と考える。「予材管理」は達成主義者の発想からきている。

現状維持バイアス

「未知なもの、未体験のものを受け入れず、現状を現状のままにしておきたい」という心理欲求。

予材資産

「予材ポテンシャル」のあるお客様のうち、まだ取引はないが、当社の強みや商品の魅力について認知している相手先のこと。「見込み」「仕掛り」「白地」が今期の数字を構成する予材であるのに対し、予材資産は、今期に縛られない「中長期的な予材」である。

種まき（ソーイング）

お客様を見つける活動。「予材ポテンシャルのあるお客様」「予材になる可能性があるお客様」と最初にコンタクトを取るプロセスのこと。

水まき（ウォータリング）

一度接触したお客様（データベース化したお客様）に対して、繰り返し接触すること。

収穫（ハーベスト）

いわゆる具体的な「商談」のこと。

拡張（エクスパンション）

取引先（既存顧客）からさらに新しい商談、リピートオーダーをもらえるように信頼を拡張すること。

241

予材ポテンシャル分析

中長期的な視点で予材資産の形成を考えるために、正しく「種まき」「水まき」をするには、新規および既存のお客様に、「予材資産がどの程度あるか」を見極める必要がある。お客様が「どのぐらい従業員を抱えているか」「どれぐらいの情報インフラを構築しているか」「年間、あるいは半期ごとにどのくらい予算を設定しているのか」を推測し、仮説を立てる分析作業を系統立てて実行すること。

適性予材量

適性予材量は、営業1人に対して「50個」が目安。もちろん「50個」でなくてもかまわないが、「50個」を基準にして考えるとわかりやすい。

適性予材単価

予材1つあたりの金額。

予材の受注リードタイム

予材を仕込んでから、実際に仕事になるまでにかかる時間。

適正予材規模

今期、積み上げる予材の総予材量（2倍）のこと。

適性予材コンバージョン率

積み上げた予材（見込みを除く）のうち、受注まで移行できた予材の割合のこと。「これくらいの予材があったら、これくらい決まっているかな？」という「感覚的」な数字でかまわない。

ラインコントロール

予材資産を増やすために、得意策の会社の指揮命令系統をコントロールして、決裁権のある人物にたどり着くまで能動的に働きかける行動。

「予材管理」用語集

戦略予材

中長期的な目標を実現するための予材のこと。

予材開発力

白地が実際に実績につながった確率、つまり「貢献白地率の高さ」を意味する。

予材管理コンピテンシー

予材管理の思想に基づいて行なう人事評価のこと。

マーケティング・リーダーシップ・マネジメント（MLM）

マーケティング戦略をつかさどるセクションが、強いリーダーシップを発揮して、全体マネジメントを指揮する組織形態をあらわすもの。

コスト

集客プロモーションに必要な3つのコストとして、「経済的コスト」「時間的コスト」「精神的コスト」がある。

アプローチ

電話や面談など1対1の「パーソナルアプローチ」と、メディアや大量広告などを使用する1対不特定多数の「マスアプローチ」の2種類がある。

リターン

「認知」「関心」「行動」の3種類がある。

パーソナルアプローチ（相手を向き合うアプローチ）

電話や面談など、「1」対「1」のアプローチ。目標の2倍の予材を仕込むためには、多くのお客様との関係構築が不可欠。予材ポテンシャルがある顧客へ定期的に接触し、関係性を築く。面談の場合、1回の接触

243

滞在時間は2分間程度（ご挨拶程度）で十分だが、その代わり、何度も繰り返し足を運ぶ。

マスアプローチ（相手と向き合わないアプローチ）

「パーソナルアプローチ」以外のすべて。事業スタイルや会社の規模によっては、お客様と個人的に繰り返し接触することが非現実的なケースもある。そのためWEB、チラシ、DM（ダイレクトメール）、イベントなどで接触を繰り返し、予材資産を蓄える。セミナーやイベントでは目の前にお客様がいることもあるが、「大勢に向かってコミュニケーションを取っている以上、これは1対1のパーソナルアプローチとは呼ばない。

プロダクトアウト

製品主義。提供側からの発想で商品開発・生産・販売といった活動を行なうこと。

マーケットイン

市場主義。市場や購買者という買い手の立場に立って、買い手が必要とするものを提供すること。

予材管理5つ道具

予材管理の2つの思想「リスク分散」と「複利効果」を具現化、視覚化するために使用する。「①予材ポテンシャル分析シート」「②KPIカウントシート」「③予材配線図」「④予材管理シート」「⑤予材管理ダッシュボード」の5つがある。

ターンオーバー戦略

「ターンオーバー（turnover）＝ひっくり返す」。ブルーオーシャンを狙うのではなく、レッドオーシャン（成熟市場）で覇者になるための戦略。圧倒的な「営業力」を発動して、競合企業のシェアを「ひっくり返す」。

アタッカーズ・アドバンテージ

　後から入ってくる競合は、先駆者の改善点を活かしたサービスをつくることができため、先駆者を上まわる利益を得ることができる。また、すでに先駆者が市場を開拓しているため、開発コストを抑えることもできる。

横山信弘（よこやま　のぶひろ）

株式会社アタックス・セールス・アソシエイツ代表取締役社長。企業の
現場に入り、目標を「絶対達成」させるコンサルタント。最低でも目標を
達成させる「予材管理」の理論を体系的に整理し、仕組みを構築した考
案者として知られる。これまで12年間で1000回以上の関連セミナーや
講演、書籍やコラムを通じ「予材管理」の普及に力を注いできた。ＮＴＴ
ドコモ、ソフトバンク、サントリーなどの大企業から中小企業にいたる
まで、200社以上を支援し、その7割を3年連続以上目標達成させてき
た実績を持つ。研修実績には、3大メガバンク、野村證券などもある。
『日経ビジネス』『東洋経済』『PRESIDENT』など、各種ビジネス誌への
寄稿、多数のメディアでの取材経験がある。「日経ビジネスオンライン」
では7年、「Yahoo!ニュース」では5年、コラム執筆を続けている。メル
マガ「草創花伝」は3.9万人の経営者、管理者が登録している。『絶対達成
する部下の育て方』（ダイヤモンド社）、『「空気」で人を動かす』『絶対達
成バイブル』（以上、フォレスト出版）など数々のベストセラーを世に出
しており、著書の多くが中国、韓国、台湾で翻訳版が発売されている。

■予材管理オフィシャルサイト
https://www.yozai.biz/

さいきょう　けいえい　　　　じつげん　　　　　よざいかんり
最強の経営を実現する「予材管理」のすべて

2017年12月10日　初版発行

著　者　　**横山信弘**　©N.Yokoyama 2017

発行者　　**吉田啓二**

発行所　　株式　**日本実業出版社**　東京都新宿区市谷本村町3−29 〒162-0845
　　　　　会社　　　　　　　　　　　大阪市北区西天満6−8−1 〒530-0047

　　　　　編集部 ☎03−3268−5651　　振　替　00170−1−25349
　　　　　営業部 ☎03−3268−5161　　http://www.njg.co.jp/

　　　　　　　　　　　　　印　刷／厚徳社　　　製　本／若林製本

この本の内容についてのお問合せは、書面かFAX（03−3268−0832）にてお願い致します。
落丁・乱丁本は、送料小社負担にて、お取り替え致します。

ISBN 978-4-534-05547-7　Printed in JAPAN

日本実業出版社の本

この1冊ですべてわかる
経営戦略の基本

- 株式会社日本総合研究所経営戦略研究会
- 定価 本体1500円(税別)

古典的な経営戦略から新しい戦略まで、経営戦略の全体像、全社・事業戦略の策定と実施、戦略効果をさらに高めるノウハウまで網羅。初めて学ぶ人、基本をつかみきれていない人にもおすすめの1冊。

経営理念の考え方・つくり方

- 坂上仁志
- 定価 本体2200円(税別)

経営理念とは、「いい経営」(社員、お客様、社会が幸せになる)をするための基盤となる考え方。本書では、経営理念とは何かから、実際に考え、つくり、実践し、組織全体で浸透させる方法まで、実例をまじえて解説。経営理念作成書のフォーマット付。

51の質問に答えるだけですぐできる
「事業計画書」のつくり方

- 原 尚美
- 定価 本体1600円(税別)

事業に必要なことに関する51の質問に答えるだけで、事業計画書がつくれる! 事例を挙げながら説明をし、必要な数字や計算書類の作成の仕方も紹介。事業計画書のフォーマットはダウンロードが可能。

A4一枚から作成できる・PDCAで達成できる
経営計画の作り方・進め方

- 宮内健次
- 定価 本体1600円(税別)

経営ビジョン、経営目標など、経営計画の記載ポイントから、立てた後の社員への浸透、具体的な進捗管理の方法までをわかりやすく解説。経営計画のフォーマットはダウンロードが可能。

定価変更の場合はご了承ください。